La santé de la
TERRE

Remerciements

Je voudrais remercier mon professeur - la vie - qui m'a permis de découvrir mes connaissances et, par le fait même, de les communiquer à travers un des métiers les plus beaux au monde.

Je désire aussi lever mon chapeau à Richard Milon, Dominique Brault, Jacques Beaudoin, Lucie Pomerleau, Monique Tremblay, Mario Gailloux, Jacline Proulx, Gilles Dupuis, Jean Dédier-Savioz, chef-exécutif, Denis Paradis et, spécialement, à Paul Richard pour m'avoir compris et supporté tout au long de mon travail ainsi qu'à tous ceux qui, de près ou de loin, ont contribué à élever la conscience alimentaire sur notre planète.

Vivre comme les humains devraient vivre, en harmonie avec cette vie...

À ma mère, Noéma, et à mon père, Tancrède, du même métier, merci...

YVON TREMBLAY

Illustrations et page couverture: Mario Gailloux
Montage: Yvon Tremblay
Imprimerie: Trëma Inc.
Dactylographie: Secrétariat Louise Audy
Correction: Monique Tremblay

© **LES PRESSES LIBRE-CHOIX**

ISBN 2-9802765-0-2

Dépôt légal: 3e trimestre 1991
Imprimé au Canada

LA SANTÉ DE LA TERRE

LE PETIT GUIDE SANTÉ
DES ANNÉES 1990

LE SOYA ET SES DÉRIVÉS
(lait de loya, tempeh, miso, etc.)

ainsi que

LE SARRASIN ET LE SEITAN

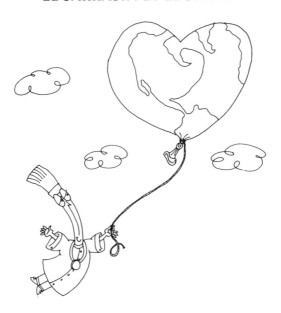

PAR

Le Chef YVON TREMBLAY
LES PRESSES LIBRE-CHOIX
ILLUSTRÉ PAR MARIO GAILLOUX

La santé de la
TERRE

TABLE DES MATIÈRES

AVANT-PROPOS

Selon la définition classique, le marketing est un mariage d'art et de science dont le prérequis est un sens incontesté de la prémonition. Il est centré sur la réalité du quotidien et du lendemain. Ainsi, les experts en alimentation gardent les yeux bien ouverts sur les tendances en voie de développement et le comportement évolutif des consommateurs. Lorsqu'ils tentent d'adapter leurs produits à une clientèle en mutation, ils se rapprochent beaucoup des chefs et directeurs en alimentation du monde entier qui, parallèlement, doivent oeuvrer dans le même sens.

La conjoncture actuelle sur le plan de l'alimentation et ce, tant au niveau de la cuisine régionale qu'internationale, est en constante effervescence. Ainsi surgissent des mets issus de produits jusqu'à présent peu connus de la population. Nous assistons à la naissance de nouveaux produits qui sont offerts de façon tout à fait spontanée à des consommateurs mal informés ou non préparés à les accueillir.

Yvon Tremblay, pionnier de l'alimentation santé, s'avère un valeureux partenaire dont les efforts contribuent à la diffusion d'informations rationnelles concernant ce nouveau mode d'alimentation, de même qu'il contribue par de louables efforts à notre adaptation aux nouvelles tendances alimentaires.

Tous les consommateurs ayant bénéficié de son expertise ont découvert une façon rapide et efficace d'utiliser ces alternatives nouvelles avec des produits de qualité, plus économiques et écologiques.

Ce nouveau livre a pour but de rehausser la qualité de vie par le biais d'habitudes alimentaires plus saines et par la pratique de méthodes plus sélectives en ce qui concerne les aliments de base.

En effet, suite aux demandes exprimées par des milliers de personnes désireuses de réduire la viande et les matières grasses dans leur alimentation pour les substituer par d'autres aliments de base tels le soya et ses dérivés ainsi que le sarrasin et d'autres produits méconnus, vous trouverez donc dans *Le petit guide santé des années 1990 La santé de la terre* de succulentes recettes ainsi que des résumés historiques qui simplifient et démystifient ces aliments de base.

Le petit guide s'adresse non seulement aux végétariens mais à tous ceux et celles préoccupés de préserver et d'améliorer leur santé et qui en ont le souci quotidien tant pour elle-même que pour leur famille, leurs amis... Enfin, ce livre s'adresse à tout le monde.

Le présent ouvrage est une suite logique des livres sur le tofu: «*La magie du tofu*» et «*Le tofu même si vous n'êtes pas végétariens*», *Éd. Stanké*, du même auteur, vendu à plus de 70 000 exemplaires au Québec seulement.

Je vous invite, en terminant, à méditer sur les propos d'un célèbre cuisinier et gastronome français:

> «*Lorsqu'il n'y a plus de cuisine dans le Monde, il n'y a plus de lettres d'intelligence élevée et rapide, d'inspiration, de relations liantes, il n'y a plus d'unité sociale*».
>
> Carème (1833)

RICHARD MILON

YVON TREMBLAY, auteur-conférencier

Ma vision : Promouvoir une consommation mesurée d'aliments de meilleure qualité de même qu'encourager des habitudes alimentaires plus saines de façon à rehausser l'état de santé de chacun et ce, sans négliger les aspects organoleptiques que tous recherchent en alimentation.

Mon but : Élargir les connaissances du consommateur dans le domaine des aliments alternatifs de qualité.

Mon objectif : Améliorer, au Québec et ailleurs, la qualité de la production et de la consommation des aliments.

Ma stratégie : Encourager la création et la distribution de nouveaux aliments de bonne qualité. Favoriser de meilleures façons d'apprêter ces aliments. Diffuser de l'information pertinente et intervenir à tous les niveaux de l'industrie alimentaire.

Les services offerts sont:

- LA RECHERCHE ET LE DÉVELOPPEMENT EN ALIMENTATION ALTERNATIVE.

- LA CONCEPTION ET LE FONCTIONNEMENT DE MENUS SANTÉ DANS UNE CAFÉTÉRIA.

- L'ENSEIGNEMENT ET LA FORMATION.

- LA CRÉATION ET LA DISTRIBUTION DE RECETTES.

- L'ÉLABORATION DU MATÉRIEL ÉDUCATIF EN NUTRITION.

- LA DIFFUSION DE COURS DE CUISINE SANTÉ.

- DES CHRONIQUES DE RADIO ET DE TÉLÉVISION.

POURQUOI NOTRE SOCIÉTÉ N'EST-ELLE PAS EN HARMONIE?...

On retrouve dans notre société dite «moderne», des maladies de toutes sortes: cancer, obésité, constipation, diabète, haute pression, maladie mentale, etc. Considérant le très grand nombre de maladies, on invente une grande variété de médicaments, nos hôpitaux débordent de cas de tous genres.

Pourtant, il ya eu des civilisations telles que celles des Égyptiens, des Aztèques et des Indiens qui se nourrissaient en harmonie avec la nature. Leurs médecines se composaient d'herbes et de racines qu'on appelait «Élixir des dieux».

Aujourd'hui, on retrouve encore des peuples qui se nourrissent directement du sol et on a constaté un affinement remarquable de leurs perceptions sensorielles (l'odorat, l'ouïe, la vue et le goût) qui se sont développées grâce à la variété de leur alimentation. Le Japon, la Chine et l'Inde en sont quelques exemples.

On retrouve des gens comme Platon, Pythagore, Socrate, Gandhi et Einstein, pour n'en citer que quelques-uns, qui étaient en harmonie avec la nature.

Voulez-vous découvrir un peu plus le monde merveilleux de l'alimentation?

COMMENT AMÉLIORER SON ALIMENTATION SANS DOULEUR

Vous pouvez améliorer votre alimentation sans douleur et discrètement en modifiant vos propres recettes:

1) Soupe aux pois sans lard salé:

   Remplacer le lard par du tofu et augmenter la quantité de légumes.

2) Sauce à spaghetti:

   Diminuer la viande et la remplacer par une égale quantité de lentilles cuites.

3) Pains, pâtisseries et biscuits:

   Remplacer totalement ou partiellement la farine blanche par de la farine de blé entier; cette dernière étant plus lourde, n'utiliser que 7/8 de tasse (225 ml) au lieu d'une tasse (250 ml). Attention à la texture!

4) Pain à la viande:

   Ajouter à votre propre recette soit du son, soit du tofu, soit des céréales, soit du germe de blé, soit du blé concassé et réduire votre quantité de viande.

ENVIRONNEMENT: QUE PEUT-ON FAIRE?

On en parle, bien sûr! Tous reconnaissent que la protection de la planète ainsi que la qualité de la vie seront les priorités de la prochaine décennie.

Pourtant, des gestes simples et des changements dans nos habitudes contribueraient à une amélioration de notre environnement.

Nous produisons, en moyenne, un kilo de déchets par personne, par jour. Nos poubelles contiennent 40 % de papier, 15 % de verre, métal et plastique, et 30 % de nos rebuts proviennent de produits à usage unique.

Un choix plus éclairé lors de nos achats combiné à une diminution de notre consommation auront pour effet une réduction du volume de nos sacs verts (non-biodégradables).

Apporter ses ustensiles et sa tasse au bureau, écrire et photocopier recto verso des feuilles, réutiliser nos sacs d'épicerie et acheter des aliments en vrac sont des moyens faciles pour mieux gérer nos déchets à la source.

Cette pratique permet de nettes économies de matières premières et d'énergie.

Par exemple, 16 arbres sont préservés pour chaque tonne de papier récupéré.

LE SARRASIN: Si Séraphin avait su...

En prenant l'exemple d'un produit, tel que le tofu (caillé de lait de soya) qui provient de la fève de soya et qui est devenu très populaire depuis que j'ai écrit mon premier livre «*La magie du Tofu*», on peut comprendre pourquoi je me suis intéressé aussi au sarrasin qui pousse ici.

Pourquoi délaisser cette merveilleuse culture qui ne sert qu'au compost, qu'à enrichir le sol pour les autres cultures et qui n'est consommé que sous forme de crêpes alors que d'autres pays prennent avantage en achetant notre sarrasin et nous le revendent sous forme de produit fini à un prix exorbitant.

Mais voilà que les Japonais ont classé le sarrasin québécois supérieur à tout autre sarrasin au monde. Il pousse à l'état naturel, pour ne pas dire sauvage.

Dans plusieurs pays européens, on le consomme depuis très longtemps sous forme de plats cuisinés. La Russie, la Yougoslavie, la France, l'Italie, l'Inde, le Népal et le Bhoutan ne sont que quelques exemples de pays qui en consomment depuis des centaines d'années.

On utilise aussi le sarrasin en médecine sous forme de médicaments, comprimés et miel dont la valeur nutritive est extraordinaire. Cette valeur nutritive du sarrasin nous fait comprendre l'importance de cette mi-céréale, mi-légumineuse dans l'alimentation japonaise.

Ses bienfaits pour la circulation sanguine et son effet neutralisant des toxines dans l'organisme sont reconnus.

Les médecins prescrivent de la rutine pour les personnes ayant des problèmes cardiaques, un durcissement des artères, des varices, de la phlébite ou tout autre problème circulatoire.

Le sarrasin contient des sources précieuses de rutine qui préviennent les apoplexies. Sa teneur en calcium est supérieure à celle du blé. On y trouve énormément de magnésium, phosphore, fluor et il contient 11 % de protéines tout en étant très riche en fer, vitamines B, B1, et B2.

Dans ces protéines, on a identifié des acides aminés très importants: lysine, origine, histidine, cystine et même de la tryptophane: la syntonique (que l'on croyait trouver seulement dans la protéine animale).

Une autre intéressante propriété du sarrasin est qu'il contient de la vitamine P (pp), laquelle fortifie les vaisseaux, améliore leur perméabilité et a une influence sur l'équilibre nerveux.

Le sarrasin participe au maintien de la chaleur interne de l'organisme, soutient l'effort physique, augmente la résistance aux infections, diminue la pression sanguine et protège des brûlures causées par le froid ou la chaleur.

Il n'est pas difficile à comprendre pourquoi nos ancêtres, qui travaillaient très fort physiquement, avaient une telle endurance et, sans le savoir, consommaient du sarrasin en assez grande quantité sous forme de crêpes ou de galettes.

On ne savait pas à ce moment que le sarrasin aidait au bon fonctionnement du foie, relaxait les nerfs, aidait à nettoyer l'estomac et à éliminer le surplus de cholestérol.

L'origine du sarrasin proviendrait des alentours de l'Himalaya, à l'ouest de la Chine, autour du Tibet et au nord de l'Inde. De plus, on considère l'avoir trouvé mille ans avant qu'il soit introduit en Europe, vers les années 1400.

Dans mes recherches faites auprès des bibliothèques et des écrits rédigés aux statistiques de l'agriculture du Québec, le sarrasin aurait vu le jour vers les années 1820-1835 au Québec et, à ce moment, on l'appelait le blé noir, blé des pauvres.

Il est controversé de dire que le sarrasin était l'aliment des pauvres alors qu'au Japon il est l'un des aliments les plus précieux (40 000 restaurants à Tokyo [Japon] servent les pâtes au sarrasin [soba]).

Au Québec, il serait facile de développer et d'offrir une gamme de produits fabriqués à base de sarrasin et de les commercialiser. Par exemple, le sarrasin pourrait être inclus dans toutes formes de pâtes alimentaires, mélanges à gâteaux, à biscuits, à muffins, à crêpes, ainsi que dans toutes formes de pâtisseries et de plats cuisinés.

De voir toute la production actuelle du sarrasin exportée au Japon et de constater que le reste ne sert qu'au compost de la terre agricole ne me laisse pas indifférent. N'existerait-il pas ici, au Canada, une entreprise qui s'occuperait du développement, qui utiliserait de nouvelles technologies d'exploitation du sarrasin, de la ferme aux produits finis? Nous avons le meilleur sarrasin au monde et il ne pousse presque pas aux États-Unis. Cela nous permettrait de relancer notre agriculture ici...

En conclusion, il s'avère normal de comprendre les retombées écologiques et économiques du sarrasin, les avantages de faire, à partir du sarrasin, une gamme de produits de très haute valeur nutritive tout en sachant qu'il n'est pas nécessaire, pour faire pousser du sarrasin, d'y ajouter des engrais chimiques! ni des insecticides!

SI SÉRAPHIN AVAIT SU ...

C'est pourquoi je me devais d'informer tout le monde... ce qui me paraît réalisable d'ici les prochaines années. Il faut donc remettre en question cette merveille que la nature nous a donnée.

Dans le chapitre des recettes, vous aurez l'occasion de les essayer et d'aider à notre culture: ce dont nos ancêtres ont déjà bénéficié et dont on pourrait hériter à notre tour.

On retrouve le sarrasin sous différentes appellations:

- Sarrasin non rôti   (Kacha)
- Sarrasin rôti   (Kacha)
- Farine de sarrasin
- Nouilles de sarrasin   (Soba)

On retrouve les nouilles de sarrasin à différents pourcentages de sarrasin, soit 40 %, 60 %, 80 % et 100 %. Les pâtes de sarrasin (soba), à 100 % de sarrasin, sont consommées par des moines bouddhistes et des gens habitués à un rituel et à ce goût unique.

Quand on fait cuire ces nouilles, il faut toujours garder le bouillon et le boire.

BON APPÉTIT !

LE SEITAN (gluten et protéine de blé)

Quand j'ai appris, lors d'un voyage à Boston en 1975, que le blé pouvait être disponible non seulement dans les pains, pâtes et pâtisseries mais qu'en retirant l'amidon du blé, on pouvait obtenir du gluten (protéine de blé), un monde de possibilités s'ouvraient à moi. C'est alors que j'ai voulu en découvrir plus sur cet aspect versatile qu'on appelle, en japonais, seitan, et je désire partager mes découvertes avec vous tous.

Le seitan est un aliment qui possède une grande histoire. Depuis des centaines d'années, le Japon, la Chine, la Corée et la Russie consomment du gluten. Au Japon, ce sont les moines qui ont reçu de Chine, il y a plus de 950 ans, les rudiments de sa fabrication.

Introduit aux États-Unis depuis une vingtaine d'années seulement, le seitan pourrait se tailler une place importante comme substitut à la viande dans la préparation de différentes recettes.

Le seitan est le gluten extrait de la farine de blé entier. Il est très riche en protéines et très faible en gras et en calories.

On le retrouve dans les magasins d'aliments naturels sous forme de morceaux ou produits finis tels que tourtières, pâtés, ainsi que dans les sauces à spaghetti, etc.

Parce que le seitan fournit une concentration élevée en protéines et une petite quantité de gras, il est une nourriture extrêmement digestible. Pour 100 gr. de seitan, on retrouve 118 calories, 18 gr. de protéines, du potassium, du calcium, du phosphore, du fer et des vitamines.

On le retrouve dans certains restaurants végétariens ainsi que dans des restaurants chinois et japonais. Il est appelé viande végétale par les moines bouddhistes et est utilisé comme substitut de la viande.

La seule raison pour laquelle on ne connaît pas ce produit est que personne n'a vraiment pris le temps de bien l'expliquer et de concevoir de bonnes recettes accessibles à tous.

Dans le chapitre qui suit, je vous explique comment faire la préparation du gluten qui devient, après la cuisson, le seitan. Il faut cependant noter qu'on peut retrouver du seitan dans les épiceries d'aliments naturels et dans les magasins d'alimentation ou les comptoirs santé des supermarchés. Demandez-le...

GLUTEN DE BLÉ (SEITAN)

Ingrédients

| 6 tasses | farine de blé dur entier | 1 500 ml |
| 2 tasses | d'eau ou un peu plus | 500 ml |

Mode de préparation

1. Pétrir comme pour faire un pain.

2. Laisser reposer sous un linge 15 minutes.

3. Couper en morceaux et à l'eau courante (froide); retirer l'amidon jusqu'à ce qu'il ne reste plus d'amidon (liquide blanc).

4. Prendre ce gluten et le couper en petits morceaux.

5. Dans un chaudron d'eau bouillante, déposer le gluten morceau par morceau (le gluten se déposera au fond et, en quelques instants, il remontera à la surface de l'eau).

6. À ce moment, enlever un peu d'eau et ajouter les épices au choix (bouillon d'oignon, gingembre, ail, etc.) (voir recette).

7. Cuire à feu moyen environ 1 h 30.

8. Laisser refroidir et réfrigérer. Ce gluten s'appelle «seitan» et peut être utilisé dans plusieurs recettes.

9. Le hacher pour en faire des pâtés, des tourtières, des burgers, etc.

LES ALIMENTS BIOLOGIQUES

Parce que les gens ont tendance à faire beaucoup plus attention à leur alimentation, les produits biologiques (ceux obtenus sans l'aide d'engrais chimiques ou pesticides de toutes sortes) font tranquillement leur apparition sur le marché.

Il faut comprendre que les prix sont reliés à des modes de production très différents. Les aliments biologiques sont produits de façon artisanale d'où leur coût plus élevé.

L'utilisation de trop grandes quantités d'engrais chimiques et de pesticides ont détérioré nos terres et, en quelques occasions, de façon irréversible. L'enjeu était une production massive (au nom de la sacro-sainte rentabilité!). L'agriculture des années 90 s'engage dans une nouvelle voie qui préconise un rendement normal des sols par le biais de cultures «douces».

Il faut s'assurer qu'un aliment biologique porte le sceau de certification. Il existe, à cet effet, des organismes de vérification qui approuvent et attestent que les produits présentés sont d'origine biologique authentifiée.

LE BAR À SALADES SANTÉ: pas une mode

Ces dernières années, on retrouve de plus en plus de restaurants ou de «fast-food» avec un bar à salades.

La demande du consommateur est de plus en plus axée sur une bonne alimentation qui est moins grasse, moins salée, moins calorique et plus équilibrée.

Pourquoi ne pas apprendre à remercier Mère Nature de l'abondance et de l'immense variété de légumes et des produits santé que l'on retrouve dans nos supermarchés? Rappelez-vous, et il n'y a pas très longtemps déjà, on ne retrouvait que des pommes de terre, navets, carottes et choux! Maintenant, on y retrouve une très grande variété qui ferait l'envie de bien des pays.

Voici une liste de produits que l'on retrouve de plus en plus dans les bars à salades santé:

- Végé-pâté
- Tourtière santé
- Salades fraîches de toutes sortes
- Germinations
- Desserts sans sucre
- Breuvages frais
- Produits lacto-fermentés

SALADE EXOTIQUE POUR VOS AMI(E)S

Ingrédients

2	mangues dures pelées, sans noyau, coupées en lamelles	2
1 c. à thé	de gingembre frais haché	5 ml
1	piment rouge en lamelles	
1 c. à thé	persil et échalotes hachés	5 ml
2 c. à soupe	huile d'olive	30 ml
	le jus d'un citron	
	sel et poivre au goût	

Mode de préparation

Mélanger
Servir

BON APPÉTIT ET BONNE SANTÉ !

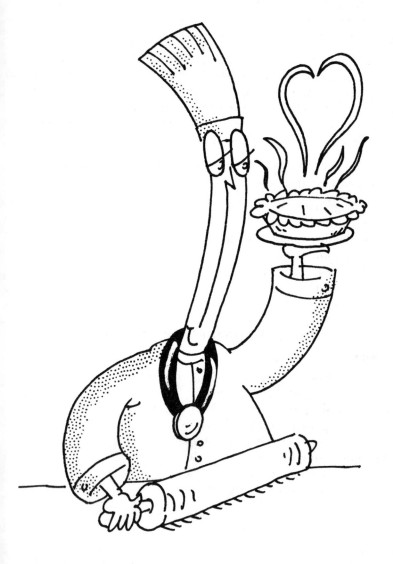

LES TOURTIÈRES SANTÉ

Ah! ces fameuses tourtières d'antan qui nous permettaient d'avoir le plaisir de savourer un chaleureux repas en famille tout en dialoguant de ceci ou de cela.

Vous serez surpris d'apprendre que l'on découvre, de plus en plus, sur le marché de l'alimentation, des tourtières santé de millet, de sarrasin, de seitan. De plus, elles sont faciles à cuisiner chez-soi et on peut les faire congeler. Ainsi, quand des invités arrivent à l'improviste, vous avez l'occasion de leur servir une bonne tourtière santé.

Voici une petite recette qu'il vous fera plaisir d'apprêter:

TOURTIÈRE SANTÉ DE MILLET

- Donne 4-6 portions

Ingrédients et mode de préparation
Dans un chaudron, ajouter

2 pintes	d'eau	3 litres (1800 ml)

et faire un bouillon épicé à votre goût:

4 c. à table	sauce tamari	50 ml
2	feuille de laurier,	2
1 c. thé	cumin	5 ml
1/4 à thé	clou de girofle moulu	1 ml
1/4 à thé	cannelle moulue	1 ml
2	gousses d'ail au goût	2
1 c. à thé	fines herbes (thym, origan, marjolaine)	5 ml
	poivre au goût	

et jusqu'à ce que le goût du bouillon soit à point
Ajouter

1 tasse	de millet lavé	250 ml
1/2 tasse	de riz ou sarrasin	125 ml
1	oignon haché	1
1	branche de céleri haché	1
	quelques champignons	

Mode de préparation

1. Couvrir et cuire à feu doux 20 minutes. Laisser refroidir.
2. Déposer dans un fond de tarte et couvrir d'une pâte.
3. Faire cuire au four à 190°C (375°F) pendant 30 minutes.
4. Servir avec un ketchup de votre choix.
5. Variante: On peut farcir les courges, les piments, les champignons. Gratiner.

LE TOFU – SON ÉVOLUTION

Il n'y a pas très longtemps déjà, les gens me demandaient: «*C'est quoi le tofu?*» avec un petit air de répugnance et je ne comprenais pas pourquoi.

C'est un bienfait que la nature nous procure. En Chine et au Japon, on le consomme depuis 2 000 ans. Le tofu était nouveau pour nous.

Après avoir écrit deux livres de cuisine: «*La magie du tofu*» et «*Le tofu*», vendus à plus de 70 000 exemplaires, je me suis aperçu que le tofu se retrouve partout au Québec: dans les magasins d'alimentation, les grands hôtels, les restaurants, les cafétérias, les foyers de vieillard, les hôpitaux.

On commence à comprendre ses bienfaits. De la terre à la table, finalement il prend une place importante dans nos habitudes alimentaires et ce, même si vous n'êtes pas végétariens. On retrouve maintenant plus de 9 000 produits sur le marché Nord-Américain.

Voici une petite recette qui a fait ses preuves auprès des consommateurs.

UNE IMITATION DE SALADE AUX OEUFS SANS OEUF

Ingrédients et mode de préparation

1 livre	de tofu émiettée	**500 g**
Ajouter 1 tasse	de légumes coupés en petits cubes (céleri, carotte, échalotes, persil)	**250 ml**
2 c. à soupe	mayonnaise légère	**30 ml**
1 c. à thé	moutarde	**5 ml**
1 c. à thé	herbes salées	**5 ml**
1 c. à thé	fines herbes	**5 ml**
1 c. à soupe	citron	**15 ml**
1 c. à soupe	tamari	**15 ml**
	saler et poivrer au goût	

Mode de préparation

1. Bien mélanger dans un bol.
2. Servir dans un pain pita ou dans un sandwich

BONNE SANTÉ!

LE LAIT DE SOYA, laiterie de l'an 2000

Le lait de soya peut être préparé chez-soi et ce, même si on en retrouve de plus en plus sur le marché. On avait l'habitude de l'importer du Japon, de la Chine ou de la France mais, depuis les cinq dernières années, on le fabrique de plus en plus aux États-Unis et, maintenant, au Québec.

Appelée la vache sans os en Chine, la fève de soya peut se transformer en tellement de sous-produits que nous n'en finirions plus d'en vanter les mérites.

Il est heureux de constater que depuis le lancement de mon premier livre, *La magie du tofu* (1982), beaucoup plus d'agriculteurs produisent le soya ici, au Québec.

Pour ceux qui sont allergiques aux produits laitiers, vous pouvez remplacer ces derniers par le lait de soya: il est plus digestible que le lait de vache et se compare au lait maternel en ce qui a trait à sa valeur nutritive.

Le lait de soya contient un tiers de gras comparativement au lait de vache et est exempt de cholestérol. Il est riche en lécithine et acide linoléique qui aident à éliminer les gras du système sanguin.

Il est prescrit à ceux qui font du diabète, des maladies du coeur, de la haute pression et à ceux qui font de l'anémie parce qu'il est riche en fer et, enfin, à tous ceux qui souffrent d'arthrite.

Quand le lait de soya est combiné à une céréale, il produit une protéine complète et abondante en acides aminés.

Il est une bonne source de vitamine B et est très versatile. On peut le substituer, dans les laits fouettés (milk shake), dans les sauces, crèmes glacées, yogourts, mayonnaises, pâtes à crêpes, gâteaux, poudings et dans la plupart de nos recettes (excepté le café), au lait de vache.

La production du lait de soya nécessite presque la même machinerie qu'une laiterie traditionnelle. C'est pourquoi plusieurs laiteries ont diversifié leur production en y ajoutant du lait de soya.

LE GENSING DU QUÉBEC
(c'est donc de valeur!)

Saviez-vous que le Québec était un des pays les plus réputés pour son gensing et que les Japonais achètaient celui-ci à des prix exorbitants? En effet, autrefois il y avait beaucoup de gensing au Québec et vers les années 1700-1720, les prêtres, soeurs et les clergés ont brûlé toutes les racines de gensing car ils croyaient que le gensing était «la plante du diable» étant donné qu'il est un aphrodisiaque. Quelques racines ont échappé à leur razzia et, personnellement, j'ai eu l'honneur d'y goûter. Elles poussaient dans les érablières du Québec et les Amérindiens l'appelaient «racine de Lutin».

Les Japonais utilisent cette plante comme régulateur d'énergie car ils croient que la valeur nutritive de la plupart des éléments composant le corps humain se retrouve dans la racine naturelle du gensing (7 ans). Ils en font un breuvage qu'ils laissent au réfrigérateur et lorsqu'ils sentent une baisse d'énergie, ils en boivent une bonne tasse.

Si nous mangeons tout notre ail des bois, il n'y en aura plus... il faut replanter!

LE TEMPEH (soya fermenté)

Le tempeh est l'un des aliments les plus versatiles qui soit; il nourrit des millions d'habitants et est originaire de l'Indonésie.

Depuis des centaines d'années, il est consommé aussi en Malaisie, à Singapour et dans des centaines de petites îles avoisinantes. On l'appelle aussi poulet végétal dû à sa texture croquante et à son goût.

Il est délicieux servi comme mets principal, en burger, en purée, en vinaigrette et tartine, comme croûtons dans les salades ou les soupes, ou comme substitut au pepperoni dans les pizzas et à la viande dans les sauces et casseroles.

Sa valeur nutritive est comparable au boeuf, poulet, oeuf et la qualité de sa protéine est beaucoup plus assimilable par le corps humain que la viande.

Il est l'aliment végétal le plus riche en vitamine B12, l'ingrédient le plus recherché dans une alimentation végétarienne; il est également très riche en fibres.

On y retrouve aussi des vitamines, des minéraux, du calcium, du phosphore et du fer. Il contribue à réduire le niveau de cholestérol et aide à éliminer les toxines dans le sang. Il contient 157 calories par 100 grammes.

Il existe une trentaine de variétés de tempeh mais on n'en retrouve que quelques assortiments sur le marché nord-américain. Il a été introduit vers les années 50 aux États-Unis mais a vraiment commencé à être connu que vers les années 75.

De tous les aliments fermentés, il est assuré d'une grande importance sur le marché de l'alimentation au cours des prochaines années.

N'ayant pas de cholestérol, un burger de tempeh offre plus de protéines qu'un burger de boeuf. On le retrouve dans les magasins d'aliments naturels, réfrigéré ou congelé.

Différentes compagnies ont déjà mis sur le marché des burgers qui, à mon avis, vont compétitionner d'ici peu le burger traditionnel des grandes chaînes de «fast-food».

Quand vous achetez un paquet, vérifiez la date d'expiration. La partie non utilisée doit être enveloppée et mise au réfrigérateur où elle pourra être conservée une semaine. Elle peut être également congelée.

LES HUILES VÉGÉTALES

Une seule matière grasse indispensable à la santé est celle qui fournit des acides gras essentiels. On appelle ces gras «*essentiels*» parce que l'organisme ne peut les fabriquer lui-même et doit avoir recours, pour ce faire, aux aliments.

Ces gras jouent, entre autres, un rôle de premier plan dans la croissance des tissus, la perméabilité des membranes de la cellule et le maintien d'une peau saine.

En conséquence, le meilleur choix s'avère les huiles de certaines graines et noix qui renferment la plus grande quantité d'acides gras essentiels.

Ainsi, si l'huile de lin a connu un tel engouement récemment, c'est qu'elle constitue la source la plus équilibrée d'acides gras indispensables; vient ensuite l'huile de citrouille.

Dans le domaine de l'étiquetage des huiles végétales alimentaires, apprenez à choisir les huiles pressées à froid ou vierges et non raffinées: vous aurez une huile vivante et bénéficierez de ses bonnes valeurs nutritives.

Pour reconnaître l'authenticité d'une huile véritable, il faut que les noix ou les graines soient biologiques certifiées.

Exemples:. • Tournesol
  •.Olive
  •.Maïs
  •.Carthame
  •.Canola
  •.Lin
  •.Citrouille
  •.Amande
  •.Sésame
  • Etc.

MIEUX MANGER, C'EST:

Dégraisser ses viandes avant la cuisson, préparer ses poissons au four ou à la vapeur, accompagnés de légumes et fines herbes, utiliser de préférence des fromages et des yogourts légers dans nos gâteaux au fromage, nos trempettes et nos sauces à salade.

Augmenter ses fibres en utilisant des fruits et légumes crus (bâtonnets de carotte, céleri, navet, concombre, piment, etc.).

Se servir de produits à grains entiers, pains et céréales de blé entier, de son et d'avoine.

Ajouter du son de blé ou d'avoine dans le pain de viande, et de la farine de blé entier dans les muffins, les crêpes et les gâteaux.

Saler légèrement les salades, les poissons et les légumes, et remplacer le sel par de fines herbes fraîches, des épices ou du citron.

Se servir de compote de fruits frais et séchés sans sucre ajouté, tels que pommes, poires, raisins secs, pêches, figues, dattes, cannelle et muscade, sur les rôties et dans les yogourts.

MIEUX MANGER VOUS PERMETTRA
DE VOUS SENTIR BIEN DANS VOTRE CORPS
ET VOUS PERMETTRA DE BÉNÉFICIER
DES MERVEILLES QUE LA VIE VOUS PROCURE

LES ALIMENTS POUR EXCURSION

Si vous planifiez une randonnée ou une excursion en montagne ou dans les sentiers les plus éloignés de nos grandes villes, il faut savoir composer son menu pour qu'il soit nutritif et bon pour la santé mais ne requérant pas trop de place.

Voici quelques trucs pour un goûter «sans façon» et qui ne requiert aucune réfrigération:

1.- Faites-vous de petits sacs de noix et de fruits séchés (ex.: amandes, tournesol, acajou, figues, pommes, bananes séchées, etc.) qu'on retrouve dans les sections du vrac de nos magasins d'alimentation;

2.- Apportez-vous un pain consistant au grain entier (ex.: pain pumpennikel très riche en protéines);

3.- Quelques sachets de soupe déshydratée que vous pourrez faire cuire en y ajoutant un peu de riz ou de lentilles;

4.- Des céréales granola ou un peu de müesli, un mélange à crêpes sèches;

5.- Du couscous et quelques crudités;

6.- Un petit contenant de miso, une bonne salade fraîche.

7.- Ensuite, comme boissons, quelques sachets de tisane et un peu de café de céréales feront de votre soirée au clair de lune une remarquable randonnée...

LA COLLATION

On ne se rend pas toujours compte de l'importance de la collation durant la journée. Il va sans dire qu'une bonne collation aide à nous donner l'énergie nécessaire jusqu'au repas du midi ou du souper.

Pourquoi ne pas remplacer les croustilles, chocolats et produits qui n'ont aucune valeur nutritive et qui sont trop sucrés par des noix, biscottes de blé entier, morceaux de fromage ou yogourts nature accompagnés de crudités telles que carotte, céleri, concombre, piment, radis - ou d'un bon fruit frais tel que pomme, raisins, pêche, banane, melon, fraises ou bleuets?

Il ne faut pas attendre d'être malade pour se rendre compte de l'importance de notre santé!

LAIT DE SOYA

LES DÉJEUNERS SANTÉ

Que diriez-vous de faire vous-même vos croque-nature maison? Voici une petite recette facile à préparer:

CROQUE NATURE MAISON

Ingrédients:

4 tasses	**gruau rapide**	**1 l**
1/2 tasse	**germe de blé**	**125 ml**
1 tasse	**noix hachées**	**250 ml**
	amandes ou grenoble	
	pécanes ou autres	
1/3 tasse	**noix de coco en flocons**	**85 ml**
1 tasse	**cassonade au goût OU**	**250 ml**
du miel liquide de sarrasin		
1/2 tasse	**huile de tournesol**	**125 ml**
3/4 gouttes	**essence d'amande**	**3/4**

Mode de préparation

1.- Chauffer l'huile, le miel, la cassonade et l'essence d'amandes.

2.- Ajouter le mélange aux ingrédients secs et bien l'incorporer.

3.- Mettre au four à 180°C (350°F) durant 15 minutes.

4.- Brasser et laisser dorer.

5.- Refroidir et servir avec un bon lait de soya.

LE MISO - LE BOVRIL DE L'AN 2000

Le miso est une fermentation de la fève soya à laquelle on a ajouté une des céréales suivantes: orge, riz, sarrasin, millet ou seigle et sel de mer qu'on a laissé fermenter dans des contenants en bois pour une période variant de une à plusieurs années, dépendant de la variété recherchée.

Il a une texture ressemblant au beurre d'arachides croquant ou d'un fromage cottage ferme.

On dit qu'il est originaire de Chine où l'on pouvait en trouver il y a quelque 2 500 ans. Au VIIe siècle, il fut introduit au Japon par les prêtres bouddhistes et, finalement, aux États-Unis vers les années 60.

Le miso est, pour les Japonais, leur café et est considéré comme un aliment médicinal. Il est l'un des plus vieux aliments de base du Japon et a la même importance que le riz.

Il peut être utilisé comme un bouillon dans les soupes, les ragoûts, les sauces, les vinaigrettes et les pâtés de toutes sortes ainsi que dans la confection de tartines. Il peut remplacer les concentrés de bouillon de viande ou autres dans vos recettes.

Le principal ingrédient du miso est la fève de soya. Au point de vue nutritif, la protéine de soya est semblable à la protéine animale en la combinant avec une céréale; ceci explique pourquoi le miso, composé de soya et de céréales, a une si grande valeur et est une source d'acides aminés essentiels.

L'orge est l'un des plus importants ingrédients dans la préparation du miso; ensuite, viennent le riz et le gros sel de mer lavé.

L'eau entrant dans la fabrication du miso peut être de l'eau dure (eau calcaire) ou douce (pas de calcaire). Le facteur le plus important dans la réussite de la fabrication du miso réside dans la qualité de la bactérie utilisée qu'on appelle Koji (lacto-bacillus).

Une tasse de soupe au miso contient environ 1,5g de lipides et 4g de protéines nécessaires à votre activité quotidienne.

Tout comme le yogourt, il contient également beaucoup de bactéries. Il ne faut jamais faire bouillir le miso car les bactéries, dans l'intestin, digèrent et assimilent vos aliments. De plus, le miso neutralise les toxines provenant de la consommation de produits animaux. On y trouve du calcium, du phosphore, du potassium, du fer et du magnésium.

Le miso est donc une excellente source de protéines, il est facilement digestible et, de plus, il est une source merveilleuse d'énergie. Il peut éliminer la nicotine.

Après que les Américains eurent lancé la bombe atomique sur Hiroshima, il n'a pas été surprenant d'apprendre que les Japonais qui consommaient régulièrement du miso aient pu résister aux radiations et ce, parce qu'on retrouve, dans le miso, de la zybicoline qui se combine avec les substances radioactives et peuvent être ainsi éliminées par l'intestin.

Le miso combat aussi les allergies souvent dues à la faiblesse des intestins qui sont incapables de transmuter les protéines végétales ou animales.

Il renferme de l'acide linoléique et de la lécithine qui aident à éliminer le cholestérol se trouvant dans le sang et assouplissent les vaisseaux sanguins. Il devient ainsi l'un des principaux produits alimentaires contribuant à assurer la longévité et à refaire la flore intestinale.

Voici un petit résumé relatif à l'importance de connaître les bienfaits du miso qu'on pourrait facilement produire ici au Québec, au lieu de l'importer du Japon.

Les quelques variétés de miso disponibles dans les magasins d'alimentation naturelle sont:

1.- Miso d'orge	(MUGI MISO)
2.- Miso de riz	(KOME MISO)
3.- Miso de soya	(HATCHO MISO)
4.- Miso au sarrasin	(SOBA MISO)
5.- Soupe déshydratée	(MISO SHIRU)

Pour bien conserver le miso, il faut le mettre dans un endroit frais et sombre; il peut être rangé au réfrigérateur et se conserve plusieurs mois dans un contenant hermétique.

Utilisez-le dans les:

Soupes	Tartines	
Sauces	Plats principaux	
Vinaigrettes	Pâtés et burgers	Desserts

Il remplace le bovril, les bouillons de boeuf et le sel dans plusieurs préparations. Apprenez à le découvrir.

LE TAMARI (la vraie sauce soya) [SHOYU]

Depuis quelques années, on entend parler de la sauce tamari.

La sauce tamari est le liquide qui s'écoule de la fermentation qui a duré entre deux à trois ans, du soya, du sel de mer et d'une céréale qui peut être de l'orge, du blé, du riz ou du sarrasin.

Sa valeur nutritive est extraordinaire. On y retrouve les 17 acides aminés, des protéines, des minéraux et elle aide à la digestion.

La sauce soya, qu'on trouve dans tous les supermarchés, est un produit plus synthétique. Cette sauce soya est faite de caramel, sirop de maïs ou de colorant végétal. C'est pourquoi les personnes soucieuses d'authenticité remplacent, de plus en plus souvent, la sauce soya par de la sauce tamari.

Utilisez la sauce tamari dans les sauces, vinaigrettes et riz frit et vous aurez un plaisir à déguster un aliment vivant.

NOIX AU TAMARI

Ingrédients et mode de préparation

Chauffer, dans un poêle, des graines de tournesol ou de citrouille jusqu'à ce qu'elle soient rôties brunantes (attention: les graines de citrouille éclatent).

Les arroser d'un peu de sauce tamari.

Brasser rapidement pour bien les enrober jusqu'à ce qu'elles soient sèches.

Retirer du feu et laisser refroidir.

Elles seront appréciées par vos convives et vos enfants et remplaceront facilement les arachides salées.

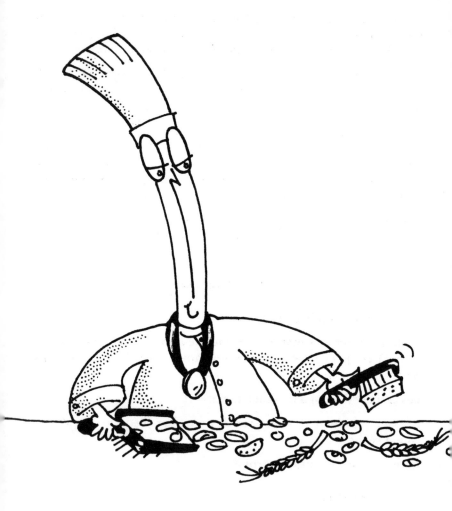

LES FIBRES, DE RETOUR ...

Jusqu'à tout récemment, la plupart d'entre nous ne savions pas qu'il est important de consommer des fibres. En fait, nous connaissions à peine les fibres.

Des recherches médicales ont prouvé cependant que les fibres constituent un composant alimentaire très important...

Les fibres sont un peu comme les balais de l'intestin: elles le nettoient.

Sans fibres, les déchets s'accumulent de sorte que les aliments mettent plus de temps à passer dans le côlon.

Les victimes de dysenterie deviennent souvent extrêmement déshydratées et, dans les cas très graves, meurent de la déshydratation provoquée par la diarrhée.

Les fibres, vous pouvez les connaître... on les retrouve dans les grains entiers, comme la nature nous les a données!

Les céréales, les légumineuses, les légumes et les noix en sont quelques exemples.

LA COMPLÉMENTARITÉ DES PROTÉINES
O U
D'HEUREUSES ASSOCIATIONS DE PROTÉINES

On n'a pas besoin d'être biochimiste ou diététiste pour faire des associations de protéines «incomplètes» et bâtir d'agréables menus sans viande.

Les protéines d'origine végétale, analysées en détail par des experts, se regroupent en trois grandes familles principales: les légumineuses, les céréales, les noix et les graines.

Les trois grandes familles de protéines d'origine végétale sont:

Les légumineuses	Les céréales	Les noix et les graines
Fève soya	Blé	Amande, brésil
Fève mung	Avoine, gruau	Arachide, acajou
Fève blanche	Maïs	Noix de Grenoble
Fève de Lima	Orge	Pignons
Haricots noirs	Seigle	Graines de tournesol
Haricots rouges	Sarrasin	Graines de sésame
Pois chiches	Millet	Graines de citrouille
Lentilles	Riz brun et blanc	Etc.
Pois cassés	Germe de blé	
Pois secs	Son de blé	
Etc.	Pain de blé entier	
	Céréales	
	à déjeuner	
	de grains entiers	
	de nouilles,	
	spaghetti	
	Etc.	

Les aliments d'une même famille possèdent des caractéristiques communes et leur équipe d'acides aminés se ressemble. Deux légumineuses, comme les fèves sèches et les pois sèches, possèdent les mêmes forces et les mêmes faiblesses; elles ne peuvent pas se compléter car elles ne feraient qu'accentuer leurs faiblesses respectives! Par contre, les céréales comme le blé ou le riz ont des caractéristiques différentes et peuvent compléter un aliment de la famille des légumineuses.

Mode de préparation des légumineuses

1. Laver à grande eau, à l'aide d'un tamis.

2. Tremper pendant 12 heures ou toute une nuit.
   Pour ce faire, à chaque tasse de légumineuses, ajouter $2^1/2$ à 3 tasses (625 à 750 ml) d'eau.
   OU
   Pour tremper rapidement, amener à ébullition et mijoter 2 minutes.
   Retirer du feu et laisser reposer pendant 1 heure.
   Seuls les pois cassés et les lentilles n'ont pas besoin de tremper avant la cuisson.

3. Cuire les légumineuses selon l'un des modes ci-dessous:

   Pour MIJOTER, ajouter $2^1/2$ à 3 tasses (625 à 750 ml) d'eau à chaque tasse de légumineuses ainsi que 1 c. à thé (5 ml) de sel.
   De préférence, utiliser l'eau de trempage.
   Amener à ébullition, réduire la chaleur, couvrir et mijoter selon le temps indiqué dans le tableau.

   Pour CUIRE SOUS PRESSION, amener la pression à 15 livres, c'est-à-dire lorsque l'indicateur de pression se soulève (on n'attend pas que la pesée oscille).
   Réduire l'intensité de la chaleur dès ce moment et calculer le temps dans le tableau ci-dessous.
   La pesée ne doit jamais osciller – baisser le feu si elle commence à bouger.

4. Pour cuire les légumineuses sans les faire tremper, cuire sous pression en ajoutant quelques minutes aux temps indiqués dans le tableau ci-dessous.

   En général, les familles se complètent de la façon suivante:

   Légumineuses + Céréales   = Protéines complètes
   Légumineuses + Noix et graines = Protéines complètes

Les possibilités sont nombreuses mais elles doivent toujours respecter ces deux complémentarités lorsque le menu ne contient que des aliments d'origine végétale car le corps les assimile si elles ont été consommé à l'intérieur d'une période de 24 heures.

Les combinaisons possibles ne s'arrêtent pas là lorsqu'on ajoute au menu des protéines d'origine animale telles que le lait, le fromage ou une petite quantité de viande, de volaille ou de poisson.

Les céréales à déjeuner deviennent une «bonne source de protéines» lorsque servi avec du lait de soya ou du lait.

TEMPS DE CUISSON POUR LES LÉGUMINEUSES

		CUIRE SOUS PRESSION *		
LÉGUMINEUSES	MIJOTER	TEMPS (min.)	RENDEMENT EN VOLUME CUIT D'UNE TASSE DE LÉGUMINEUSES SÈCHES	EAU RÉSIDUELLE DE CUISSON **
Fèves soya entières	3 h 30	15	3 tasses	2 tasses
Fèves soya concassées ou en lamelles***	45 min.	5	2^1/$_4$ tasses	2 tasses
Haricots blancs	1 h 30	10	2^3/$_4$ tasses	1^1/$_4$ tasses
Haricots de Lima	1 h 00	8	2^1/$_2$ tasses	2 tasses
Haricots rouges	2 h 00	9	2^3/$_4$ tasses	1^3/$_4$ tasses
Lentilles vertes***	45 min.	5	2^1/$_2$ tasses	1^1/$_2$ tasses
Lentilles rouges***	10 min.	3	2 tasses	1 tasse
Pois cassés verts ou jaunes***	0 min.	2	2^1/$_4$ tasses	1^1/$_2$ tasses
Pois chiches	3 h 30	15	2^3/$_4$ tasses	1^1/$_2$ tasses
Pois entiers	1 h 30	6	2^1/$_2$ tasses	^{1}/$_2$ tasses

*   Pour une tasse de légumineuses, utiliser 750 ml (3 tasses) d'eau pour le trempage et conserver cette eau sans en ajouter pour la cuisson.

**   Cette eau de cuisson contient une certaine valeur nutritive et peut être utilisée dans les soupes, sauces et mets allongés.

*** Ces légumineuses ne nécessitent pas de trempage.

Après avoir bouillies, ces légumineuses peuvent être assaisonnées et consommées sans autre cuisson, ou combinées avec d'autres ingrédients dans des recettes contenant des pois cuits, des haricots et des lentilles.

On peut retrouver la plupart des légumineuses en conserve.

Jadis, les fèves au lard étaient considérées comme un mets d'accompagnement et, souvent, la soupe aux pois ne servait qu'à compléter le sandwich du dîner.

De nos jours, les légumineuses connaissent une popularité grandissante. On les apprête comme plat de résistance, ce qui leur donne une place de choix dans le budget.

Voici une petite recette facile et vite faite:

PURÉE DE POIS CHICHES [HUMUS]

Ingrédients

1 boîte	(28 onces) de pois chiches	540 gr
3 c. à table	beurre de sésame (tahini)	45 ml
2 c. à table	d'huile d'olive	30 ml
2 c. à table	de jus de citron	30 ml
	sel et poivre au goût	
	un peu d'ail	

Mode de préparation

Mettre dans le mélangeur et réduire en purée.
Servir comme trempette avec pain pita, crudités, biscottes.

Rendement: 625 ml (2^1/$_2$ tasses)

On peut les servir de toutes les façons: en croquettes, en burgers, en pâtés, en purée, en desserts ou en breuvages. On se doit de connaître ce monde merveilleux car chacune des milliers de variétés affecte le métabolisme humain.

LE PUNCH SANTÉ AUX INFUSIONS

Quoi de plus désaltérant qu'une bonne limonade ou un bon thé glacé!

Saviez-vous qu'il est possible de préparer une boisson à la fois rafraîchissante et thérapeutique?

Eh bien oui! Un bon truc est d'utiliser les tisanes ou les infusions dans vos préparations de punch ou breuvages santé.

Voici une petite recette qui vous fera vite comprendre l'immense variété des breuvages que vous pouvez servir à vos amis.

PUNCH SANTÉ AUX TISANES OU INFUSIONS
(concentré)

Ingrédients et mode de préparation

8 tasses	**d'eau dans un chaudron**	**2 litres**

Faire bouillir et réduire le feu au minimum

Ajouter

24	**sachets choix de tisanes ou d'infusions**	**24**

(minimum 1 boîte complète)

Laisser infuser 10 minutes et retirer les sachets

Ajouter

4 c. à soupe	**miel**	**60 ml**

et refroidir

Ajouter

1	**jus de votre choix OU**	**1**

faire des glaçons

Laissez aller votre imagination et vos invités désireront avoir la recette de vos breuvages santé. Décorez avec tranches de fraise, kiwi, lime et/ou citron et servir avec boisson alcoolisée si désiré.

LES CÉRÉALES

Pendant plusieurs centaines de générations, les céréales ont été la nourriture presque exclusive des sociétés humaines; les trois célèbres P: **P**ains, **P**âtes, **P**âtisseries.

Ce n'est que récemment, à partir du XXe siècle et seulement dans les pays occidentaux, qu'elles ont été progressivement abandonnées.

Les céréales constituent encore la base de l'alimentation des deux tiers de l'humanité (Chine: riz; Mexique: maïs; Afrique du Nord: couscous; Afrique Centrale: millet; Inde: lentilles et riz).

Il y a donc lieu de redonner une place de choix aux produits céréaliers à grains entiers.

Cependant, il faut élargir le répertoire des recettes utilisant des céréales à grains entiers telles que l'orge mondé, le millet, le bulgur ou blé concassé et le riz brun. Mais il ne faudrait pas oublier le pain entier qu'on retrouve en grandes variétés dans nos magasins.

LA MAGIE DES ÉPICES ET DES FINES HERBES

Les épices et les herbes sont à la mode car elles donnent naissance à des recettes inattendues qui nous dépaysent et donnent du piquant ou des douceurs à notre quotidien.

Épices colorées, ou herbes veloutées, violentes ou douces, chantées et convoitées depuis l'Antiquité, soulevant sur leur route des passions folles et des luttes pour le partage du monde.

Maîtrisées par nos meilleurs chefs pour transformer et exalter le goût et l'arôme des préparations les plus simples ou classiques...

Voici la liste des épices et fines herbes les plus importantes:

Épices:

La cannelle est irremplaçable dans le strudel aux pommes, la sangria espagnole et le riz au lait de chez-nous.

La cardamome se retrouve en graines vertes pour parfumer le thé, en graines blanches pour la cuisine, entière ou en poudre. On la retrouve dans les apéritifs et le ginger à la britannique. Il est à noter que c'étaient les Vikings qui étaient les meilleurs consommateurs de cette épice.

La coriandre provient d'Égypte. On la retrouve en graines ou en poudre. Bien qu'on l'utilise dans les currys, elle se plaît avec la totalité des autres épices. Son nom, d'origine grecque, la prédispose à relever les marinades... De plus, elle participe à la confection du gin et de l'eau de mélisse.

Le cumin et le carvi se retrouvent dans les pays asiatiques et surtout en Inde. Le cumin a toujours sa place dans les plats au curry parce qu'il aide à la digestion et élimine les gaz lorsqu'on mange des légumineuses. Le carvi, lui, est bienvenu dans la choucroute, le goulasch ainsi que dans certains pains et fromages.

Le curcuma est neutre au goût. C'est lui qui donne au curry sa tonalité ocre-jaune. On peut l'associer, sans fausse note, au gingembre et au piment. Porte-bonheur en Asie; en France, il entre dans la composition de la moutarde douce. Dans la cuisine créole, il apporte sa bonne couleur ensoleillée.

Le gingembre frais ou séché, râpé ou moulu, en conserve au sirop ou au vinaigre nous est disponible à l'année. Il figure dans la plupart des épices composées orientales mais sa saveur piquante suffit à elle-même... Les Anglais en sont friands dans les boissons, pâtisseries et autres douceurs. En Chine, on l'associe au soja. En Inde, il est indissociable du curry.

Le girofle est incontournable dans notre bonne cuisine: il affine les saveurs et corrige le goût alliacé de l'oignon. Véritable encens culinaire, il faut l'utiliser modérément étant donné que la plupart des mélanges d'épices en contiennent.

La muscade et le macis. Le muscadier peut être mâle ou femelle et un arbre mâle est suffisant pour la fécondation d'une vingtaine de plants femelles. La muscade s'accorde bien avec les poivres, girofle et, dans quelques rares cas, la vanille. C'est en France, Allemagne et Belgique qu'on l'utilise le mieux. Avec les oeufs et les plats au fromage, la muscade et le macis ont une place d'honneur. En Italie, ils excellent aussi dans les épinards et les raviolis aux herbes. Incorporer le macis à mi-cuisson et, au dernier moment, avant de servir, ajouter la muscade fraîchement râpée.

Le paprika ne doit jamais être trop chauffé; aussi, l'incorporer toujours hors du feu. On le retrouve en poudre et en plusieurs tonalités: doux, demi-doux ou fort. En Hongrie, il est de tous les repas. En France, il souligne les sauces pour crustacés, donne du punch à une fricassée et est le réveil-saveur du fromage blanc.

Les piments sont de la même famille que les poivrons; il en existe 90 espèces. On les retrouve entiers, frais ou séchés, et en poudre. À faible dose, ils s'accordent avec toutes les épices. En Tunisie, la harissa provient des piments africains. En France, par contre, on se contente d'un soufflé de cayenne.

Les poivres. Le poivre gris est récolté avant maturité, puis il est séché. Le poivre blanc se cueille bien mûr. Le poivre vert, totalement immature, se présente toujours en graines. Il arrive parfois, dans les restaurants, que l'on mélange une quantité de semoule au poivre et ce, afin de diminuer le coût. Comme pour les peuples méditerranéens, depuis 23 siècles, le poivre se place au premier rang des épices; on l'utilise donc dans toutes les cuisines du monde. Il faut toujours moudre soi-même le poivre et ne l'ajouter que peu de temps avant de servir afin de préserver son arôme.

Le safran ne provient ni de la graine, ni de la feuille, mais d'une toute autre partie de la fleur soit les trois stigmates qui prolongent le pistil destiné à recevoir le pollen; ce qui explique son prix. On le retrouve en filaments ou en barbe, séché ou en poudre. Il faut utiliser le safran avec modération et lui éviter le contact direct avec un corps gras bouillant. On l'ajoute toujours en fin de cuisson.

La vanille se retrouve en gousses, en poudre ou en extrait liquide. Proche parent de l'orchidée, il en existe plusieurs espèces et toutes doivent être traitées pour exprimer leur arôme. Elle est utilisée dans le punch, la sangria espagnole et les condiments. Il est à noter qu'un soupçon de vanille, dans un beurre manié, relève subtilement des haricots verts.

Fines herbes:

Le basilic est recommandé pour le rhume, les coliques, les maux de tête et il est un laxatif. Presque toute l'année, on peut l'acheter frais. On l'utilise dans les plats de tomates, les soupes minestrones, la sauce pesto pour les pâtes, les poissons et les plats de courgettes. Il est originaire de l'Inde où il est considéré comme une plante sacrée.

Le bouquet garni est un mélange de fines herbes que l'on met dans un petit sac. Il relève agréablement le goût des potages et des ragoûts. Voici la recette du bouquet garni: 2 c. à soupe (30 ml) de persil, 2 c. à soupe (30 ml) de thym, 2 c. à soupe (30 ml) de basilic, 1 c. à soupe (15 ml) de sarriette et 2 feuilles de laurier. On peut varier cette recette en alternant le choix de fines herbes.

La ciboulette est l'amie des carottes et a des propriétés digestives. On l'utilise dans les salades, soupes et omelettes ainsi qu'avec les fromages, poissons et plats de légumes. Elle nous vient de l'Orient.

L'estragon est tonique et médicinal. On l'utilise dans les sauces béarnaises et les poissons.

La marjolaine, qu'on appelle aussi l'herbe de grâce, a toujours été un symbole de douceur. Elle est originaire du Bassin chaud méditerranéen. On l'utilise souvent dans les apprêts de saucisses et les farces. Elle aide à éliminer le mal de tête.

L'origan est utilisé dans la plupart des recettes, sauces, escalopes et pizzas des Italiens. Son huile soulage le mal de dents.

Le persil est le symbole de la force. Il est une herbe aromatique qui accompagne la plupart des repas chauds ou froids. Il est riche en vitamines, calcium, fer et phosphore.

La sarriette se marie bien aux brocolis, potages, plats de légumes et plats cuisinés. Elle est aussi un des ingrédients du bouquet garni. Elle est recommandée pour enrayer le rhume, les coliques et l'asthme.

Le romarin est utilisé dans les marinades, sauces et pains. Il favorise la détente et renforce la mémoire. On le retrouve aussi sous forme de shampooing.

La sauge est connue comme étant une herbe médicinale. À l'époque, on croyait qu'une bonne tisane de sauge prolongeait la vie. Elle est originaire de la Méditerranée et se prête très bien aux farces, mais il faut prendre garde de ne pas trop en mettre car sa saveur âcre pourrait écraser la saveur des autres herbes. On peut aussi l'ajouter dans les fromages et les pains.

Le thym est originaire de la Méditerranée. Avec le persil et la sauge, le thym est un condiment classique. On l'utilise dans les plats de légumes, les farces et les soupes.

LES ALGUES (légumes marins) APPRIVOISÉES

Depuis des milliers d'années, les Chinois consomment plusieurs variétés d'algues. Au Japon, on en retrouve dans tous les restaurants et elles sont apprêtées de centaines de façons.

En Amérique du Nord, le mot «algue» s'associe directement aux engrais ou comme traitement externe pour la peau. Mais quand on dit qu'on peut les consommer, il y a une réaction négative, il va sans dire! Mais détrompez-vous! Les algues, appelées aussi légumes marins, sont l'un des aliments les plus bénéfiques pour la santé. Elles aident à prévenir l'anémie, la constipation, l'obésité, l'hypertension, fortifient les cheveux, préviennent les maladies de la peau et aident à réduire les hémorroïdes.

Les algues contiennent plusieurs vitamines essentielles: elles sont riches en fer, en iode, en minéraux, en calcium et en protéines. Elles protègent contre l'acidification et purifient le sang, elles combattent le diabète, abaissent la tension et préviennent les maladies cardio-vasculaires. Ce n'est pas pour rien, au Japon, qu'ils ont de beaux cheveux! Mais on dit aussi que les algues conservent la jeunesse et ceci, grâce à leurs remarquables propriétés. C'est pourquoi on s'en sert soit pour soigner l'extérieur du corps, soit comme aliments pour l'intérieur du corps.

Dans un chapitre, je vais vous décrire les algues les plus connues que l'on peut facilement apprêter chez-soi tout en s'habituant au goût de chacune.

On peut les utiliser dans:

> Les entrées
> Les soupes et potages
> Les salades
> Les plats de résistance
> Les desserts
> Les breuvages

AGAR-AGAR: (L'agar-agar est un mélange d'algues qu'on fait cuire afin d'obtenir une substance gélatineuse séchée à l'air et que l'on congèle.

(On se sert de ce mélange d'algues pour remplacer les gélatines dans les recettes.

(Il est incolore et inodore, ce qui nous permet de l'utiliser dans les plats salés ou sucrés.

ARAMÉ: (L'aramé contient beaucoup d'iode et de calcium et empêche le durcissement des artères ainsi que le vieillissement.

(Cette algue ressemble au hijiki et on la reou séchée, de couleur brune très foncée.

(L'aramé est cuit et peut être utilisé dans les salades, soupes, plats au gratin, etc.

DULSE: (On récolte beaucoup de cette algue au Canada.

(Le dulse est très riche en vitamines et en iode.

(En poudre, il sert comme condiment que l'on ajoute aux salades, soupes et plats principaux.

HIJIKI: (Cette algue contient du fer, des protéines, des vitamines A, B1 et B_{12}.

(Le hijiki constitue une excellente source de calcium car 1 c. à soupe (15 ml) de hijiki peut contenir jusqu'à quatorze fois plus de calcium qu'un verre de lait.

(Pour la cuisson, il suffit de rincer cette algue à l'eau et on peut la faire cuire dans un bouillon au choix.

(Bouillon de base: eau, tamari, gingembre et thym. Cuire 20 minutes. Garder le bouillon pour utiliser dans des soupes et sauces.

KELP: (On retrouve le kelp en poudre ou sous forme de comprimés. On peut aussi l'acheter en boîte. Cette algue constitue une excellente source de fer, calcium, protéines et minéraux.

(On peut saupoudrer de kelp les soupes, repas et breuvages ainsi qu'en ajouter un peu dans notre alimentation hebdomadaire.

KOMBU: (Est une algue d'un vert très foncé, vivant dans les mers froides du Nord.

(Il contient du calcium, potassium, iode et minéraux.

(Le kombu est vendu séché, en morceaux, en fines juliennes, ainsi qu'en poudre et mariné.

NORI: (On retrouve le nori dans tous les restaurants japonais où on s'en sert énormément pour en faire des rouleaux farcis, comme condiment en poudre ainsi que pour la décoration.

(Le nori est riche en vitamines, protéines et calcium. On peut l'acheter en poudre ou en flocons.

WAKAMÉ: (Cette algue est vendue séchée, en morceaux ou déjà prête à être utilisée dans les potages, salades, plats principaux.

(Le wakamé contient beaucoup de calcium donc, il est indispensable aux femmes enceintes.

LA GERMINATION

La germination et les jeunes pousses sont connues depuis des millénaires dans l'alimentation humaine. Des civilisations anciennes les utilisaient quotidiennement dans leur régime alimentaire.

Des études récentes nous prouvent ce pouvoir extraordinaire de la graine germée et de la jeune pousse.

On retrouve, dans nos marchés d'alimentation, des **germes de luzerne** et des **fèves germées** (chop suey), mais il y a aussi plusieurs variétés de germes telles que le **blé germé**, les **fèves mung**, les **lentilles**, le **radis**, les **graines de moutarde**, les **graines de tournesol**, le **millet** et les **pois chiches** pour n'en nommer que quelques-unes.

Ces germes contiennent de la carotène, des acides aminés, des minéraux, de la vitamine C et de la chlorophylle.

Inclure la germination et les jeunes pousses dans son régime alimentaire, c'est s'assurer d'un apport irremplaçable en vitamines, minéraux et oligo-éléments...

Les graines germées représentent une alternative remarquable à l'excès de produits chimiques qui ruinent la santé des pays occidentaux.

On pourrait en consommer plus régulièrement dans notre alimentation quotidienne car elles procurent une vitalité remarquable.

On trouve la description des techniques de germination dans les écritures anciennes en Israël et en Égypte.

Certains navigateurs ont pu accomplir leurs longs périples grâce aux graines germées qui préservaient les équipages du scorbut.

On sait d'ailleurs que les procédés industriels de fabrication de la bière sont également fondés sur les techniques de germination. On peut faire, chez-soi et avec un minimum de travail, ces techniques de germination.

Un Québécois a remporté la meilleure critique, dans la revue «*Protégez-vous*» de juin 1991, parmi cinq appareils testés et ce, pour son invention d'un germoir. Vous pouvez vous procurer ce germoir à l'adresse suivante: Le Biogerme – Monsieur René Audet – 7270 rue Chambord, suite 17, Montréal, Qc H2E 1W6

LE RIZ SAUVAGE

Le riz sauvage était utilisé par les indiens de l'Amérique du Nord bien avant que Christophe Colomb arrive en Amérique. Les indiens le récoltait en automne le long des rivières du Québec et dans l'Ouest Canadien.

Aujourd'hui, il est cultivé dans les lacs et ruisseaux peu profonds. Il mûrit lentement pendant les mois d'été sans pesticides ni herbicides, aidé seulement par le soleil. Ce mûrissage naturel prend plus de temps mais donne un grain inégalé...

Sa valeur nutritive est extraordinaire: on retrouve des protéines, du calcium, potassium, phosphore, zinc, fer et des vitamines.

Une demi-tasse (125 ml) de riz sauvage n'a que 65 calories.

Servez-le nature ou ajoutez-le à votre recette favorite! Essayez-le avec des légumes, omelettes, soupes, casseroles, crêpes ou sous de nombreuses autres façons.

Lorsqu'il est cuit, le riz sauvage fait quatre fois son volume.

- Pour la cuisson, versez le riz sauvage dans une passoire et rincez-le à l'eau froide;
- Amenez à ébullition en mettant 4 tasses (1 l) d'eau pour une tasse (250 ml) de riz;
- Couvrez et laissez cuire à feu doux pendant 50 à 60 minutes ou jusqu'à ce que les grains éclatent en laissant apparaître l'intérieur blanc comme un pop-corn;
- Retirez du feu et égouttez. Gardez le bouillon pour d'autres utilisations;
- Pour obtenir une texture plus ferme, réduisez le temps de cuisson. Pour avoir un riz plus tendre, laissez reposer 30 minutes avant d'égoutter;
- Rangez le riz dans un contenant propre et sec. Le riz sauvage cru se conserve indéfiniment;
- Pour réduire le temps de cuisson, vous pouvez faire tremper le riz pendant toute le nuit;
- Cuit, le riz sauvage peut rester frais dans le réfrigérateur pendant 2 semaines.

MIEL
DE
SARRASIN

LES SUCRES VIVANTS

Au Québec, la consommation annuelle de sucre par individu atteignait 39 kilos (85,5 livres) par année en 1983. Ce sucre provient, en très grande partie, de produits raffinés et transformés.

Comme les bonbons, biscuits et gâteaux du commerce, les crèmes glacées, conserves, boissons gazeuses, céréales raffinées, etc. maintenant, les aliments raffinés, gras et sucrés ainsi que la viande pourvoient à nos besoins... Mais à quel prix!

Avide de profits, l'industrie sucrière met de l'avant une publicité massive pour nous convaincre, petits et grands, que le sucre est une excellente source d'énergie. Attention à ces publicités!

Il est préférable de manger les aliments sucrés au moins une heure après les repas et de les remplacer par des fruits frais ou séchés, du miel ou du sirop d'érable.

LA LÉGENDE DU SIROP D'ÉRABLE

La légende la plus populaire raconte qu'un chef indien appelé Wisowski a laissé sa tente un matin, en colère, a lancé son tomahawk dans un arbre et est parti pour la chasse.

Sa femme a voulu refroidir un bouilli et l'a placé sous l'arbre.

Pendant la journée, la sève a coulé dans le bouilli et, le soir venu, Madame Wisowski a réchauffé ledit bouilli pour le souper. L'arôme très agréable qui s'en est dégagé et la saveur délicieuse ont su redonner, à notre chef, sa bonne humeur et son appétit.

Les diverses tribus et les blancs qui se sont établis au Québec ont rapidement pris le goût de cette denrée et l'ont utilisée comme réserve de sucre.

Ce sucre était utilisé à la ferme, ainsi que vendu aux parents et amis. On s'en servait pour rehausser le goût ou comme sirop de table et on l'utilisait pour fins de traitement du tabac.

ICI, AU QUÉBEC, UN DES MEILLEURS BOIS POUR FAIRE DES VIOLONS

Saviez-vous que Stradivarius avait un petit secret pour que ses violons se conservent intacts pendant des siècles? C'était dû, en grande partie, au bois et au vernis employé.

Il y a déjà très longtemps, un de mes grands amis a redécouvert ce bois et il fabrique des violons avec ces arbres qui poussent ici, au Québec. Il est classé un des meilleurs bois à lutherie au monde.

Après 10 ans de séchage et dans un rituel extraordinaire, ces arbres sont travaillés magiquement pour donner naissance au violon québécois.

De plus, pour faire un archet, le luthier a besoin de 100 à 125 cheveux de queue de cheval mâle. S'il désire prendre les cheveux de la queue d'une jument, il doit attacher la queue vers le haut pour empêcher l'urine de la jument de toucher sa queue.

Quant au vernis, il provient lui aussi du même arbre: il expand quand il fait chaud et résiste quand le temps est trop humide – donc, le bois ne peut éclater et l'âme du violon est fait du même bois...

Si vous désirez de plus amples informations, veuillez contacter mon ami d'enfance, Richard Compartino, luthier et archer, demeurant dans la ville de Québec.

DE LA TERRE À LA TABLE

Pour que le terme «protection» soit juste, il faut tenir compte des points suivants:

- La façon dont les légumes, les fruits et les céréales sont plantés ou semés;
- La façon dont on les traite avant la récolte;
- La manière dont ils seront conditionnés avant d'être emballés dans le but d'obtenir des conditions de conservation qui risquent d'altérer la qualité des produits et la santé des humains.

Dans une optique semblable, toutes les denrées alimentaires doivent être traitées selon les mêmes principes et, plus particulièrement:

- la viande de porc,
- la viande de volaille,
- la viande de boeuf,
- la viande de cheval,
- la viande de veau,
- la viande de gibier (à plumes et à poils),
- les oeufs,
- les produits laitiers,
- les matières grasses,
- les poissons,
- les coquillages,
- les crustacés.

Essayez d'imaginer toutes les responsabilités que chaque individu aura à assumer au cours de la prochaine décennie par ses choix alimentaires «De la terre à la table».

DE L'EAU ET DU VIN ...

Pour le restaurateur, offrir de l'eau embouteillée à sa table peut contribuer à rehausser le prestige de son établissement et à favoriser un meilleur équilibre entre les différents services.

Les eaux minérales devraient faire partie d'un repas gastronomique au même titre que les bons vins.

Les connaisseurs savent bien que les meilleurs vins se servent avec des eaux lors de dégustations et ce, afin de rincer le palais entre chaque coupe.

Il ne faut pas oublier que les Français, qui sont les plus importants consommateurs de vins au monde, sont également les plus grands buveurs d'eau embouteillée.

Le service de l'eau embouteillée devrait entraîner un rituel semblable à celui du service du vin. La bouteille devrait être ouverte à la table, devant le client, et l'eau devrait être servie dans un verre destiné spécialement à cette fin.

LE RESTAURATEUR
UN DÎNER DE LA BONNE CUISINE

Imaginez que vous voulez offrir à une amie ou un ami la joie! la bonté! de l'inviter à un souper ou à un dîner de reconnaissance.

«La bouche me démange...» Combien de fois cette supplication n'est-elle pas montée vers le savant ordonnateur de la bonne cuisine?

C'est qu'on se lasse, voyez-vous, des dîners de hasard au restaurant: les mets les plus moelleux y ont presque tous, je ne sais, quelque arrière-goût qui n'est pas tout à fait honnête...

Comment donneriez-vous, à votre bouche, les soins impérieux qu'elle exige quand vous devez sourire à votre voisine de droite, flatter celle de gauche et lancer, d'instant en instant, un mot infiniment spirituel dans la conversation?

Pour avoir l'honneur d'ouvrir un «restaurant», on se doit de faire honneur à ses convives... sinon, allez faire un tour... et fermez vos portes! Vous vous trompez de vocation!!!

CITATIONS DE BRILLAT-SAVARIN

La découverte d'un mets nouveau fait plus pour le bonheur du genre humain que la découverte d'une étoile...

La qualité la plus indispensable du cuisinier est l'exactitude: elle doit être aussi celle du convié!

Celui qui reçoit ses amis et ne donne aucun soin personnel au repas qui leur est préparé n'est pas digne d'avoir des amis.

Convier quelqu'un, c'est se charger de son bonheur pendant tout le temps qu'il est sous notre toit.

L'univers n'est rien que la vie, et tout ce qui vit se nourrit.

Les animaux se repaissent; l'homme mange; l'homme d'esprit seul sait manger.

La destinée des Nations dépend de la manière dont elles se nourrissent.

Dis-moi ce que tu manges, je te dirai ce que tu es.

Le Créateur, en condamnant l'homme à manger pour vivre, l'y invite par l'appétit et l'en récompense par le plaisir.

La table est le seul endroit où l'on ne s'ennuie jamais pendant la première heure.

TABLE DE CONVERSION

MESURES LIQUIDES

1 c. à thé	5 ml	$3/4$ tasse	175 ml
1 c. à soupe	15 ml	$1/4$ tasse	50 ml
1 pinte (4 tasses)	1 l		
1 chopine (2 tasses)	500 ml	$2/3$ tasse	165 ml
1 tasse	250 ml	$1/3$ tasse	85 ml
$1/2$ tasse	125 ml		

MESURES DE POIDS

2,2 livres	1 kg ou 1 000 g		
1,1 livres	500 g	1 once	30 g
1 livre	450 g	$5 1/2$ onces	160 g
0,5 livre	225 g	14 onces	400 g
0,25 livre	115 g	19 onces	540 g

ÉQUIVALENCES MÉTRIQUES DES TEMPS DE CUISSON

18° F	82° C	375° F	190° C
200° F	107° C	400° F	200° C
275° F	135° C	425° F	220° C
300° F	150° C	450° F	230° C
350° F	180° C		

TABLE DES MATIÈRES

*** RECETTES ***

VINAIGRETTE À LA CRÈME SURE AU YOGOURT ET MISO

- Donne 1 1/2 tasses (375 ml)

Ingrédients

1 tasse	yogourt léger (yogourt de lait de soya)	250 ml
3 c. à soupe	miso de riz OU d'orge	45 ml
2 c. à soupe	jus d'oranges	30 ml
3 c. à soupe	huile d'olive	45 ml
1 c. à soupe	d'échalotes	15 ml
1	pincée de thym	1
1	pincée de basilic	1
	poivre au goût	

Mode de préparation

1. Mélanger tous les ingrédients avec un fouet.

2. Servir sur une salade verte.

VINAIGRETTE AU BEURRE DE SÉSAME ET MISO

- Donne 3/4 tasse (175 ml)

Ingrédients

3 c. à soupe	miso d'orge	45 ml
3 c. à soupe	vinaigre de cidre de pommes	45 ml
3 c. à soupe	tahini (beurre de sésame)	45 ml
1 c. à soupe	miel OU sirop d'érable	15 ml
1 c. à soupe	persil haché	15 ml
1	gousse d'ail hachée	1
2 c. à soupe	huile au choix	30 ml

Mode de préparation

1. Mélanger au mélangeur ou avec un fouet.

2. Servir sur des crudités.

RAITA AU CONCOMBRE ET MISO

• Donne

Ingrédients

16 onces	yogourt nature	450 g
1	concombre râpé	1
1 à 2	échalotes hachées	1 à 2
2 c. à soupe	persil haché	30 ml
1 c. à soupe	coriandre fraîche	15 ml
1 c. à thé	cumin en poudre	5 ml
1/2 c. à thé	cayenne ou chili	2,5 ml
	sel au goût	
1 c. à soupe	miso dilué	15 ml

Mode de préparation

1. Mettre dans un bol tous les ingrédients.

2. Bien mélanger.

3. Servir.

Note: Pour diluer le miso, ajouter 2 c. à table (30 ml) de liquide et bien rendre homogène.

MAYONNAISE AU LAIT DE SOYA ET MISO

* Donne 2¹/₂ tasses (625 ml)

Ingrédients

1 tasse	lait de soya nature	250 ml
1 tasse	huile de tournesol	250 ml
¹/₄ tasse	jus de citron	50 ml
	OU vinaigre de cidre de pommes	
2 c. à soupe	miso d'orge	30 ml
1	échalote hachée	1
1 c. à soupe	persil haché	15 ml
1	pincée de paprika	1

Mode de préparation

1. Mettre le lait de soya dans le mélangeur, y ajouter graduellement l'huile ainsi que le jus de citron, le miso et les autres ingrédients. Laisser mélanger environ 1 minute.

2. Si désiré, ajouter du curry pour lui donner une couleur jaunâtre.

3. Servir sur une salade de pommes de terre ou une salade de concombres.

PURÉE DE POIS CHICHES ET MISO

* Donne 2¹/₂ à 3 tasses (625 ml à 750 ml)

Ingrédients

1	boîte 19 onces pois chiches	540 g
¹/₂ tasse	tahini (beurre de sésame)	125 ml
	jus d'un citron	
2 c. à soupe	huile	30 ml
2 c. à soupe	miso d'orge OU de riz	30 ml
1	gousse d'ail hachée	1
1	pincée de poivre OU de cayenne	1
1 c. à soupe	sauce tamari (optionnel)	15 ml

Mode de préparation

1. Retirer le jus des pois chiches et le conserver.

2. Mettre tous les ingrédients dans le mélangeur et faire broyer, tout en y ajoutant graduellement le jus des pois chiches jusqu'à l'obtention d'une consistance crémeuse.

3. Servir sur du pain pita ou autres.

TARTINE AU MISO ET BEURRE D'ARACHIDES

- Donne 1 tasse (250 ml)

Ingrédients

1/2 tasse	beurre d'arachides	125 ml
3 c. à soupe	miso d'orge	45 ml
1 c. à soupe	sauce Worcestershire	15 ml
3 c. à soupe	beurre non salé ramolli	45 ml
1 c. à soupe	persil haché	15 ml

Mode de préparation

1. Mélanger tous les ingrédients jusqu'à ce qu'ils soient bien homogène.

2. Servir sur des biscottes ou dans un sandwich.

TARTINE À L'AVOCADO ET MISO

• Donne 2 $^1/_2$ tasses (675 ml)

Ingrédients

1	avocado mûr nettoyé	1
2 c. à soupe	miso	30 ml
3 c. à soupe	tahini (beurre de sésame)	45 ml
$^1/_2$	tomate hachée	$^1/_2$
1	petit oignon haché	1
1 c. à soupe	jus de citron	15 ml
$^1/_2$ c. à thé	ail haché	2,5 ml
1 c. à soupe	sauce piquante	15 ml
1 c. à soupe	persil haché	15 ml

Mode de préparation

1. Mélanger tous les ingrédients à la fourchette jusqu'à rendre bien homogène.

2. Servir avec luzerne, laitue et fromage râpé sur une biscotte, rôtie ou dans un pain pita.

TARTINE AU TOFU ET MISO

• Donne 2^1/$_2$ tasses

Ingrédients

1 livre	tofu émietté	500 g
2 c. à soupe	miso	30 ml
2 c. à soupe	persil haché	30 ml
2 c. à soupe	échalotes	30 ml
1 c. à soupe	beurre sésame (tahini)	15 ml

Mode de préparation

1. Mélanger, dans un bol, tous les ingrédients.

2. Différents légumes coupés en petits cubes peuvent être ajoutés.

3. Servir comme tartine ou dans un sandwich.

KETCHUP AUX ANANAS (CHUTNEY)

• Donne 2 cruchons moyens

Ingrédients

2	ananas coupés en petits morceaux	2
1/2 tasse	beurre (ghee) fondu	125 ml
1/2 c. à thé	graines de cumin	2,5 ml
1/4 c. à thé	poivre rouge (piments séchés)	1,2 ml
1 c. à thé	coriandre moulue	5 ml
1/2 c. à thé	turmeric (curcuma)	2,5 ml
1 c. à thé	cannelle	5 ml
1/4 c. à thé	clou de girofle	1,2 ml
1 c. à soupe	muscade	15 ml
1/2 c. à thé	gingembre	2,5 ml
1 tasse	raisins secs	250 ml
2 1/2 tasses	sucre brun	625 ml
	OU	
1 tasse	miel	250 ml

Mode de préparation

1. Couper les ananas en petits morceaux. Fondre le beurre, ajouter les graines de cumin et le poivre rouge. Sauter jusqu'à ce qu'ils soient bruns. Ajouter les ananas.

2. Cuire les ananas jusqu'à ce qu'ils soient plus liquides (5 à 10 minutes).

3. Ajouter toutes les épices et les raisins. Cuire jusqu'à ébullition. Réduire le feu.

4. Cuire 1 heure à feu moyen. Laisser refroidir.

5. Servir comme ketchup.

SALADE DE PÂTE DE SARRASIN AUX FRUITS DE MER

• Donne 4 portions

Ingrédients

4 tasses (1 pinte)	pâte de sarrazin biologique cuite et égouttée	1 l
1 branche	céleri coupée en cubes	1
1	piment vert ou rouge coupé en cubes	1
2	échalotes coupées finement	2
1	tomate coupée en cubes	1
2 c. à soupe	persil haché	30 ml
1/2 tasse	mayonnaise de soya	125 ml
1 c. à soupe	sauce chili	15 ml
1 c. à thé	jus de citron	5 ml
	sel et poivre au goût	
1	boîte 10 onces crabe (jus retiré)	300 g
1/2 tasse	crevettes cuites	125 ml
2 c. à soupe	sauce tamari	30 ml

Mode de préparation

1. Mélanger tous les ingrédients dans un bol.

2. Déposer le tout dans une grande assiette sur un nid de laitue.

3. Décorer à votre goût.

FÈVES GERMÉES AU SARRASIN

- Donne 4 portions

Ingrédients

2 tasses	sarrasin (entier blanc ou rôti) cuit et chaud	500 ml
2 tasses	fèves germées et fraîches	500 ml
1 c. à soupe	huile	15 ml
1	gousse d'ail émincée	1
3 c. à soupe	graines de sésame écrasées et rôties	45 ml
2	échalotes hachées finement	2
2 c. à soupe	tamari (sauce soya naturel)	30 ml

Mode de préparation

1. Mélanger les graines de sésame, les échalotes et l'ail. Faire revenir dans l'huile 3 minutes.

2. Ajouter les fèves germées et faire revenir jusqu'à ce qu'elles soient chaudes.

3. Ajouter le tamari et le sarrasin chaud. Mélanger.

4. Servir avec des légumes croquants.

SALADE DE RIZ SAUVAGE

* Donne 4 à 6 portions

Ingrédients

1 tasse	riz sauvage	25 ml
3 tasses	eau ou bouillon au choix	750 ml
2 c. à soupe	sauce tamari	30 ml
1/2 c. à thé	gingembre frais	2,5 ml
1	branche céleri coupée en cubes	1
1	piment rouge coupé en cubes	1
2	échalotes hachées	2
2 c. à soupe	persil haché	30 ml
1	gousse d'ail hachée	1
3 c. à soupe	huile d'olive	45 ml
2 c. à soupe	jus de citron	30 ml
	sel et poivre au goût	

Mode de préparation

1. Faire tremper le riz une heure et rincer.

2. Cuire le riz avec la sauce tamari et le gingembre pendant 1 heure. Refroidir.

3. Ajouter tous les légumes et la vinaigrette.

4. On peut ajouter des noix au choix et servir.

SALADE DE RIZ ET POIS CHICHES À LA SAUCE MISO

- Donne 4 portions

Ingrédients

1 c. à soupe	miso dilué	15 ml
2 c. à soupe	huile	30 ml
2 c. à soupe	vinaigre de vin OU autres	30 ml
1/4 c. à thé	sel, basilic et thym (au goût)	1,2 ml
2 tasses	riz brun cuit	500 ml
	OU	
3/4 tasse	riz brun non cuit	175 ml
2 tasses	pois chiches cuits	500 ml
	OU	
1 tasse	pois chiches non cuits	250 ml
2	piments verts égrainés et émincés	2
2	tomates moyennes et mûres, coupées en morceaux	2
1/2 tasse	oignon émincé	125 ml

Mode de préparation

1. Dans un bol de grandeur moyenne, mélanger l'huile, le vinaigre, le sel, le miso et les fines herbes.

2. Ajouter le riz cuit, les pois chiches cuits et l'oignon émincé.

3. Mélanger légèrement et mariner au réfrigérateur au moins 1 heure (1 nuit si désiré).

4. Au moment de servir, ajouter les tomates et les piments.

5. Mélanger.

1. SALADE DE FÈVES GERMÉES

• Donne 3 à 4 portions

Ingrédients

1	laitue Boston, Romaine, Scarolle OU autres	1
	fèves germées telles que fèves mungs, lentilles, pois chiches OU autres	
1/2 tasse	chou rouge râpé	125 ml
1/2	carotte râpée	1/2
2	échalotes hachées	2
2 c. à soupe	persil séché OU frais moulu (au goût)	30 ml

Mode de préparation

1. Servir avec une vinaigrette au choix en y incorporant

des noix de grenoble ou autres,
des graines de tournesol,
des graines de citrouille

2. SALADE DE FÈVES GERMÉES

Ingrédients

	fèves germées disponibles	
2 ou 3	légumes au choix	2 ou 3
	OU	
	graines de tournesol, amandes, etc.	
	vinaigrette au goût	

Mode de préparation

1. Mélanger tous les ingrédients choisis.

2. Servir.

TABOULÉ AU SARRASIN

- Donne 3 à 4 portions

Ingrédients

2 tasses	sarrasin (entier blanc ou rôti) cuit et refroidi	500 ml
2	échalotes hachées finement	2
2	tomates coupées en morceaux	2
1 tasse	persil frais	250 ml
	menthe au goût (fraîche si possible)	

Vinaigrette

$1/4$ tasse	huile d'olive	50 ml
$1/4$ tasse	jus de citron	50 ml
	sel et poivre au goût	

Mode de préparation

1. Mélanger tous les ingrédients avec la vinaigrette.

1. BOUILLON POUR FAIRE VOTRE GLUTEN (SEITAN)

Si vous faites votre propre gluten (seitan), vous trouverez ci-dessous deux recettes de bouillon pour le faire cuire.

Ingrédients

2 tasses	gluten en morceaux	500 ml
12 tasses (3 pintes)	eau	3 l
1/2 c. à thé	cayenne	2,5 ml
1 c. à soupe	sauge	15 ml
1/2 c. à thé	muscade	2,5 ml
1 c. à thé	moutarde sèche	5 ml
2 c. à thé	paprika	10 ml
1 c. à thé	gingembre	5 ml
4 c. à soupe	sauce tamari	60 ml

Mode de préparation

1. Mettre tous les ingrédients dans un chaudron et cuire à feu moyen les morceaux de seitan (gluten) pendant 1 1/2 heures (voir gluten [table des matières]).

2. Laisser refroidir. Le restant du bouillon peut être utilisé dans des sauces à croquettes ou autres.

2. BOUILLON POUR FAIRE VOTRE GLUTEN (SEITAN)

Ingrédients

2 tasses	gluten en morceaux	500 ml
12 tasses (3 pintes)	eau	3 l
4 c. à soupe	flocons de persil	60 ml
1/2 c. à thé	poivre moulu	2,5 ml
1/4 c. à thé	curcuma	1,2 ml
1/2 c. à thé	cumin en poudre	2,5 ml
1/2 c. à thé	coriandre moulue	2,5 ml
1/4 c. à thé	clou de girofle	1,2 ml
1 c. à soupe	gingembre frais haché	15 ml
1/4 tasse	sauce tamari (au goût)	50 ml
2	gousses d'ail hachées	2

Mode de préparation

1. Mettre tous les ingrédients dans un chaudron et cuire le gluten (seitan) pendant 1 1/2 heures à feu moyen.

2. Laisser refroidir.

NOTE: Vous pouvez faire le bouillon de votre choix. La saveur du bouillon va donner, à votre gluten, la saveur désirée:

Saveur de poulet
Saveur de poisson
Saveur de légumes
Saveur de bacon

Etc.

SAUCE POUR RAGOÛT DE BOULETTES DE SARRASIN

• **Donne**

Sauce

2	oignons en rondelles	2
3	carottes en rondelles	3
1	navet en cubes	1
4	pommes de terre en cubes	4
4 tasses	eau	1 l
1/2 c. à thé	sel	2,5 ml
1/2 c. à thé	thym	2,5 ml
1 c. à thé	basilic	5 ml
4 c. à soupe	tamari (sauce soya naturel)	60 ml
2 c. à soupe	huile	30 ml
4 c. à soupe	farine	60 ml
1	gousse d'ail	1

Mode de préparation

1. Faire revenir l'oignon et l'ail dans l'huile.

2. Ajouter les autres légumes et l'eau.

3. Diluer la farine dans un peu d'eau froide et ajouter aux légumes ainsi que les autres ingrédients.

4. Laisser épaissir et servir.

SAUCE BÉCHAMEL AU LAIT DE SOYA ET NOIX D'ACAJOU

• **Donne 6 tasses (1500 ml)**

Ingrédients

2 tasses	lait de soya nature	500 ml
2 tasses	eau ou bouillon au choix	500 ml
1	oignon émincé	1
1	gousse d'ail hachée	1
2 c. à soupe	huile de tournesol	30 ml
1	pincée de muscade	1
2 tasses	noix d'acajou broyées	500 ml
	sel et poivre blanc au goût	
	OU sel de légumes	
	fines herbes au choix	

Mode de préparation

1. Mettre tous les ingrédients au robot culinaire ou dans le mélangeur.

2. Verser le contenu dans un chaudron et faire cuire lentement, tout en remuant constamment pendant 15 à 20 minutes.

3. Si trop clair, épaissir.

4. Servir sur un burger ou une tourtière.

SAUCE AU MISO ET LAIT DE SOYA

• **Donne 2^1/$_2$ tasses (625 ml)**

Ingrédients

3 c. à soupe	beurre	45 ml
3 c. à soupe	farine non blanchi	45 ml
2 tasses	lait de soya nature	500 ml
3 c. à soupe	miso de riz ou d'orge	45 ml
1	pincée de poivre de cayenne	1
2 c. à soupe	persil haché	30 ml

Mode de préparation

1. Dans un chaudron, fondre le beurre, y ajouter la farine en mélangeant constamment.

2. Ajouter graduellement, en mélangeant, la moitié du lait de soya.

3. Ajouter le miso puis rajouter le reste du lait de soya.

4. Avec un fouet, bien mélanger jusqu'à ce que la consistance soit à point. Cuire 3 à 5 minutes.

5. Ajouter le poivre et le persil.

6. Retirer du feu et servir.

VARIANTE:

On peut ajouter des légumes coupés finement, de la moutarde, du fromage râpé, des fines herbes, etc.

SAUCE BÉCHAMEL AU LAIT DE SOYA

• **Donne 3 tasses (750 ml)**

Ingrédients

4 c. à soupe	beurre	60 ml
4 c. à soupe	farine non blanchie	60 ml
2$^1/_2$ tasses	lait de soya	625 ml
	sel de mer au goût	
	poivre blanc	
1 c. à soupe	tamari (optionnel)	15 ml
$^1/_2$ tasse	vin blanc sec	125 ml

Mode de préparation

1. Dans un chaudron, fondre le beurre.

2. Ajouter la farine et bien mélanger.

3. Incorporer le lait de soya et battre au moyen d'un fouet. Assaisonner.

4. Laisser cuire, tout en brassant à feu moyen, pendant 5 à 6 minutes.

5. Servir sur une croquette.

NOTE:
On peut se servir de l'arrowroot, de la crème de sarrasin ou de la crème de riz pour remplacer la farine qui sert de liant.

SAUCE AU CITRON ET LAIT DE SOYA

• **Donne 2 tasses (500 ml)**

Ingrédients

2 c. à soupe	beurre	30 ml
2 c. à soupe	farine non blanchie	30 ml
1 tasse	lait de soya	250 ml
	jus d'un citron	
	zeste d'un citron	
1 c. à soupe	coriandre hachée	15 ml
1/2 c. à thé	menthe hachée	2,5 ml
	sel et poivre au goût	

Mode de préparation

1. Dans une petite casserole, fondre le beurre. Ajouter la farine et bien mélanger.

2. Incorporer le lait de soya et battre régulièrement à l'aide d'un fouet afin d'empêcher que la sauce colle au fond.

3. Ajouter le jus et le zeste de citron, la coriandre ainsi que la menthe.

4. Assaisonner au goût et servir.

SAUCE BORDELAISE AU BOUILLON DE MISO

• Donne 2^1/$_2$ tasses (625 ml)

Ingrédients

1 c. à soupe	beurre	15 ml
1 c. à thé	ail haché	5 ml
2	échalotes coupées finement	2
1/2 tasse	vin rouge	125 ml
1 tasse	bouillon	250 ml
1 c. à soupe	sauce tamari	15 ml
1 c. à soupe	pâte de tomates	15 ml
1 c. à soupe	persil haché	15 ml
1	pincée de thym et d'estragon	1
1 c. à soupe	miso d'orge	15 ml
	sel et poivre	
4 c. à soupe	eau froide	60 ml
3 c. à soupe	fécule de maïs	45 ml

Mode de préparation

1. Dans un petit chaudron, frire l'ail et les échalotes.

2. Ajouter tous les ingrédients et, avec un fouet, bien diluer. Laisser mijoter quelques minutes à feu doux.

3. Diluer la fécule de maïs à l'eau et, tout en remuant, ajouter graduellement à la sauce.

4. Servir avec des croquettes ou un burger au choix.

SAUCE MISO POUR SHISH KEBAB

• **Donne** $1/2$ **tasse (175 ml)**

Ingrédients

3 c. à soupe	miso d'orge	45 ml
1 c. à soupe	huide de tournesol	15 ml
1 c. à soupe	miel OU sirop d'érable	15 ml
$1/2$ c. à thé	gingembre râpé	2,5 ml
1	gousse d'ail hachée	1
1 c. à soupe	persil haché	15 ml
1	échalote hachée	1
3 c. à soupe	eau OU bouillon	45 ml

Mode de préparation

1. Dans un bol, mélanger tous les ingrédients avec un fouet jusqu'à consistance crémeuse.

2. Peut être utilisée comme marinade ou badigeonnage des brochettes.

SAUCE MISO POUR BARBECUE

• **Donne ¹/₂ tasse (175 ml)**

Ingrédients

3 c. à soupe	miso d'orge OU de riz	45 ml
3 c. à soupe	ketchup	45 ml
¹/₂	oignon haché	¹/₂
2 c. à soupe	beurre	30 ml
1¹/₂ c. à soupe	vin blanc	22,5 ml
1	gousse d'ail hachée	1
1 c. à soupe	miel OU sirop d'érable	15 ml
¹/₂ c. à thé	cayenne OU sauce tabasco	2,5 ml
¹/₂ c. à thé	curry en poudre	2,5 ml

Mode de préparation

1. Mélanger tous les ingrédients.

2. Mettre dans une poêle et cuire pendant une minute à feu moyen. Retirer.

3. Peut être servie sur des croquettes.

SAUCE TOMATES NAPOLITAINES AU SEITAN OU AU TEMPEH

• **Donne 6 portions**

Ingrédients

1 tasse	seitan OU tempeh haché	250 ml
2	boîtes 28 onces tomates broyées	840 g
2	gousses d'ail hachées	2
$1/2$ tasse	persil haché	50 ml
2	oignons coupés finement	2
2 c. à soupe	basilic	30 ml
1 tasse	légumes au choix	250 ml
3 c. à soupe	huile d'olive	45 ml
	sel et poivre au goût	
	fines herbes au goût	

Mode de préparation

1. Frire l'ail, les oignons, le persil et le seitan hachés.

2. Ajouter tous les autres ingrédients et mijoter en remuant régulièrement.

3. Laisser mijoter 30 minutes à feu doux.

4. Servir sur une pâte au choix.

SAUCE À SALADE AU BEURRE DE SÉSAME (tahini)

• Donne 1¹/₂ tasses (335 ml)

Ingrédients

1 tasse	eau	250 ml
3 c. à soupe	huile au choix	45 ml
3 c. à soupe	sauce tamari	45 ml
3 c. à soupe	beurre de sésame (tahini)	45 ml
3 c. à soupe	vinaigre de cidre de pommes OU de jus de citron fines herbes, persil, thym, etc.	45 ml

Mode de préparation

1. Mettre tous les ingrédients dans le mélanger.

2. Servir sur une salade de légumes au choix.

SOUPE AUX NOUILLES DE SARRASIN ET MISO

• **Donne 4 portions**

Ingrédients

3 c. à soupe	huile au choix	45 ml
2	oignons moyens en demi-lune	2
4 tasses	bouillon au choix	1 l
4-5	champignons tranchés	4-5
2	échalotes hachées	2
1	gousse d'ail hachée	1
2 tasses	nouilles au sarrasin cuites et égouttées	500 ml
4 c. à soupe	miso d'orge	60 ml
4	oeufs	4
2 c. à soupe	persil haché	30 ml

Mode de préparation

1. Dans un chaudron, frire l'ail, les oignons et les champignons.

2. Ajouter le bouillon et amener à ébullition.

3. Ajouter les nouilles.

4. Diluer le miso dans un peu de bouillon et ajouter à la soupe.

5. Amener à ébullition et casser les oeufs un à un sans les crever. Cuire 1 à 2 minutes et retirer du feu.

6. Servir en saupoudrant avec le persil haché.

SOUPE AUX POMMES DE TERRE ET SARRASIN

• **Donne 8 portions**

Ingrédients

8 tasses	bouillon OU eau assaisonnée	2 l
1/2 tasse	sarrasin (entier blanc ou rôti)	125 ml
4	pommes de terre coupées en cubes	4
1	petit navet coupé en cubes	1
1	oignon émincé	1
2 c. à soupe	levure alimentaire	30 ml
1 c. à thé	sel	5 ml
1 c. à thé	basilic	5 ml
	tamari au goût (sauce soya naturel)	

Mode de préparation

1. Amener le tout à ébullition, baisser le feu, couvrir et laisser mijoter 30 minutes.

2. Au moment de servir, ajouter 1 tasse (250 ml) de lait ou du lait de soya assaisonné au goût.

SOUPE À L'OIGNON ET AU MISO

•**Donne 4 portions**

Ingrédients

3 c. à soupe	huile ou beurre	45 ml
1	gousse d'ail hachée	1
2	oignons tranchés minces	2
3-4 tasses	eau OU bouillon légumes	750 ml à 1 l
2	échalotes hachées	2
1 c. à thé	gingembre frais haché	5 ml
1 c. à soupe	sauce tamari	15 ml
2 c. à soupe	miso de riz OU d'orge	30 ml

Mode de préparation

1. Dans un chaudron, frire l'ail, les oignons et le gingembre.

2. Ajouter l'eau et amener à ébullition. Laisser mijoter quelques minutes.

3. Retirer un peu de bouillon et y diluer le miso.

4. Mélanger le tout et saupoudrer d'échalotes hachées.

5. Servir avec croûtons.

MACARONI AU SARRASIN

• **Donne 4 portions**

Ingrédients

1 tasse	sarrasin (entier blanc ou rôti)	250 ml
1 tasse	macaroni	250 ml
1	oignon haché	1
1/2 livre	champignons tranchés	225 g
1 c. à soupe	beurre OU tahini	15 ml
	basilic, persil	
2 c. à soupe	tamari (sauce soya naturel)	30 ml

Mode de préparation

1. Cuire le macaroni.

2. Faire revenir dans l'huile, l'oignon et les champignons.

3. Ajouter le sarrasin et bien mélanger.

4. Verser 2 tasses (500 ml) d'eau, couvrir et cuire 15 minutes à feu doux.

5. Ajouter le macaroni et les autres ingrédients.

6. Servir avec des crudités.

RAGOÛT DE BOULETTES DE SARRASIN

• **Donne 10 à 12 boulettes**

Ingrédients

1 1/2 tasses	**sarrasin (entier blanc ou rôti) cuit**	**375 ml**
1/2 tasse	**millet cuit**	**125 ml**
1/2 tasse	**chapelure**	**125 ml**
2 c. à soupe	**levure alimentaire**	**30 ml**
1	**oignon émincé**	**1**
2 c. à soupe	**sauce tamari (sauce soya naturel)**	**30 ml**
1 c. à thé	**basilic**	**5 ml**
2 c. à soupe	**huile**	**30 ml**
1 c. à thé	**persil**	**5 ml**
1	**oeuf battu**	**1**

Mode de préparation

1. Mélanger tous les ingrédients et faire des boulettes.

2. Cuire au four à 375°F (190°C) pendant 30 minutes sur une tôle à biscuits huilée et retourner les boulettes durant la cuisson.

SARRASIN AUX LÉGUMES

• **Donne 4 portions**

Ingrédients

1 tasse	sarrasin (entier blanc ou rôti)	250 ml
2 tasses	eau	500 ml
1	gousse d'ail	1
1 c. à soupe	huile	15 ml
1	oignon haché	1
1	piment vert haché	1
1	carotte râpée	1
1	branche de céleri hachée	1
	tamari au goût (sauce soya naturel)	
	basilic, thym et persil frais	

Mode de préparation

1. Rôtir le sarrasin quelques minutes dans une poêle à sec.

2. Ajouter l'eau, baisser le feu, couvrir et cuire 20 minutes.

3. Faire revenir les légumes avec un peut d'huile et ajouter au sarrasin cuit.

4. Assaisonner et servir accompagné d'une salade verte.

VARIANTE:
Gratiner au four OU napper d'une sauce béchamel.

PÂTÉ CHINOIS AU SARRASIN OU AU SEITAN

• **Donne 4 portions**

Ingrédients

1 tasse	sarrasin (entier blanc ou rôti)	250 ml
	OU	
1 tasse	seigan haché	250 ml
1	oignon haché fin	1
1 c. à soupe	tamari (sauce soya naturel)	15 ml
1/2 c. à thé	basilic	2,5 ml
4 tasses	purée de pommes de terre	1 l
1	boîte 19 onces maïs en crème	580 g
1 tasse	fromage râpé (facultatif)	250 ml

Mode de préparation

1. Faire revenir l'oignon dans l'huile, ajouter le sarrasin, rôtir quelques minutes en remuant et recouvrir avec 2 tasses (500 ml) d'eau bouillante. Cuire 15 minutes à feu doux.

2. Assaisonner.

3. Préparer la purée de pommes de terre. Dans un plat allant au four, disposer les aliments par couche dans l'ordre suivant: le sarrasin, le maïs réchauffé, la purée de pommes de terre. Garnir de fromage. Cuire au four jusqu'à ce que le fromage soit grillé.

RÔTI DE SARRASIN

• **Donne 4 portions**

Ingrédients

3 tasses	sarrasin (entier blanc ou rôti) cuit	750 ml
2	oeufs battus	2
1	oignon émincé	1
1 c. à thé	sel	5 ml
1 c. à soupe	levure alimentaire	15 ml
4 c. à soupe	huile	60 ml

Mode de préparation

1. Faire revenir l'oignon jusqu'à ce qu'il soit tendre.

2. Ajouter les autres ingrédients, mélanger et verser dans un plat à gratin huilé.

3. Cuire à 350°F (180°C) pendant 35 minutes.

4. Napper d'une sauce tomates.

NOUILLES DE SARRASIN AUX LÉGUMES ET AU CURRY

• **Donne 4 portions**

Ingrédients

4 à 6 tasses	nouilles de sarrasin cuites et égouttées	1 à 1,5 l
2 c. à soupe	huile	30 ml
2	gousses d'ail hachées	2
1 c. à thé	gingembre haché	5 ml
1	oignon coupé finement	1
1/2	brocoli coupé en petits morceaux	1/2
1	piment coupé en cubes	1
1	boîte 19 onces de tomates	540 g
1 c. à thé	curry	5 ml
1/2 c. à thé	cumin en poudre	2,5 ml
1/2 c. à thé	sel	2,5 ml
2 c. à soupe	sauce tamari	30 ml
1/4 c. à thé	poudre de chili OU cayenne	1,2 ml

Mode de préparation

1. Frire l'ail, le gingembre et les oignons.

2. Ajouter les légumes et frire quelques minutes.

3. Ajouter les tomates et les assaisonnements. Bien mélanger. Couvrir et cuire à feu moyen de 15 à 20 minutes.

4. Cuire les pâtes et les égoutter.

5. Afin de donner une saveur aux pâtes, ajouter
   1 c. soupe (15 ml) d'huile d'olive
   1 c. soupe (15 ml) de sauce tamari
   dans les pâtes et bien mélanger.

6. Servir avec la sauce et saupoudrer de parmesan ou autre.

CROQUETTES DE SARRASIN

• **Donne 12 à 16 croquettes**

Ingrédients

2 tasses	sarrasin (entier blanc ou rôti) cuit	500 ml
1/2 tasse	graines de tournesol moulues	125 ml
1/4 tasse	farine de blé ou chapelure	50 ml
3 c. à soupe	germe de blé	45 ml
3 c. à soupe	levure alimentaire Engevita	45 ml
3 c. à soupe	huile	45 ml
2	oeufs battus	2
1	oignon haché finement	1
2 c. à soupe	sauce tamari (sauce soya naturel)	30 ml
1 c. à thé	basilic	5 ml

Mode de préparation

1. Après avoir mélangé tous les ingrédients, faire des croquettes et cuire au four ou frire dans la poêle.

2. Servir en hamburger ou accompagné d'une salade.

NOUILLES AU SARRASIN (soba), SAUCE AU SEITAN ET COURGETTES

• **Donne 4 à 6 portions**

Ingrédients

3 c. à soupe	huile d'olive	45 ml
2	gousses d'ail émincées	2
1	oignon moyen haché	1
1 tasse	seitan en cubes ou haché	250 ml
28 onces	tomates en conserve	796 ml
1/4 c. à thé	muscade	1,2 ml
1/4 c. à thé	marjolaine	1,2 ml
1/2 c. à thé	basilic	2,5 ml
1/2 c. à thé	sel	2,5 ml
	OU	
2 c. à soupe	sauce tamari	30 ml
2	courgettes coupées en petits dés	2
6-8	champignons tranchés	6-8
1/2 tasse	fromage parmesan râpé	50 ml
1 c. à soupe	persil haché	15 ml
1 livre	pâte au sarrasin	450 g

Mode de préparation

1. Frire l'ail, les oignons et le seitan haché.

2. Ajouter les tomates et les assaisonnements. Couvrir et mijoter 15 minutes.

3. Dans une autre poêle, frire les champignons et les courgettes jusqu'à tendres mais encore croquants. Incorporer à la sauce en remuant bien.

4. Servir sur des pâtes de sarrasin et saupoudrer de fromage parmesan et de persil.

LENTILLES ROUGES (DALL) AVEC TEMPEH OU AVEC SEITAN

• **Donne 4 à 6 portions**

Ingrédients

2 tasses	lentilles rouges nettoyées	500 ml
4 tasses	eau OU bouillon au choix	1 l
1	boîte 26 onces tomates broyées	780 g
1	oignon coupé en cubes	1
1 c. à soupe	persil haché	15 ml
1 c. à soupe	coriandre frais	15 ml
1/2 c. à thé	ail haché	1,2 ml
1 c. à thé	gingembre haché	5 ml
1 c. à thé	graines de cumin	5 ml
1 c. à thé	poudre curcuma	5 ml
1 c. à soupe	sauce tamari	15 ml
	sel et poivre de cayenne (ou chili)	
3 c. à soupe	beurre clarifié (ghee)	45 ml
1/2 tasse	tempeh ou seitan coupé en petits cubes	coupé 50 ml

Mode de préparation

1. Dans une poêle, chauffer le beurre clarifié. Ajouter les graines de cumin puis le gingembre, l'ail, le chili, les oignons et le tempeh ou le seitan. Frire quelques minutes.

2. Laver les lentilles et faire cuire dans l'eau avec les tomates broyées.

3. Ajouter toutes les épices et le tempeh. Cuire lentement 25 minutes.

4. Servir avec un bon riz.

PAIN MYSTÈRE

• **Donne 4 portions**

Ingrédients

2 c. à soupe	**beurre**	30 ml
1¹/₂ tasses	**lentilles cuites OU autres**	375 ml
	(sarrasin, orge, pois chiche)	
2 tasses	**cheddar léger**	500 ml
2	**oignons hachés finement**	2
5	**champignons tranchés**	5
	sel et poivre au goût OU	
2 c. à soupe	**tamari OU miso**	30 ml
1 c. à soupe	**persil**	15 ml
1 tasse	**chapelure**	250 ml
1	**oeuf légèrement battu (ou plus)**	1
3 c. à soupe	**lait de soya**	45 ml

Mode de préparation

1. Mélanger tous les ingrédients et verser dans un moule à pain huilé.

2. Cuire à 350°F (180°C) pendant 50 minutes.

3. Décorer et servir chaud ou froid.

1. OMELETTE AU SEITAN OU AU TEMPEH

• **Donne 4 à 6 portions**

Ingrédients

8 onces	seitan OU tempeh haché	240 g
3	oeufs battus	3
1 tasse	lait (ordinaire ou soya)	250 ml
1	gousse d'ail hachée	1
1	oignon coupé finement	1
1 tasse	légumes au choix coupés en cubes	250 ml
	fines herbes au choix	
2 c. à soupe	huile de tournesol	30 ml
	sel et poivre au goût	
	fromage parmesan râpé (optionnel)	

Mode de préparation

1. Battre les oeufs avec le lait, ajouter le seitan ou le tempeh haché, le sel et le poivre.

2. Frire l'ail, les oignons et les légumes pendant 5 minutes.

3. Incorporer le mélange des oeufs dans la poêle, cuire à feu doux pendant 5 minutes.

4. Mettre au four à 375°F (190°C) pendant 10 à 15 minutes. Saupoudrer de paprika et de fromage au choix si on veut gratiner.

5. Servir.

2. OMELETTE DE SEITAN OU DE TEMPEH

• **Donne 4 portions**

Ingrédients

1¹/₂ tasses	seitan OU tempeh haché	375 ml
1	oignon haché	1
2 à 3	pommes de terre râpées	2 à 3
2 c. à soupe	beurre fondu	30 ml
4	oeufs	4
2 c. à soupe	sauce tamari	30 ml
¹/₄ tasse	lait de soya OU ordinaire	50 ml
	sel et poivre	
1 c. à thé	huile	5 ml
	paprika	
	fromage pour gratiner (optionnel)	

Mode de préparation

1. Frire les oignons et les patates.

2. Bien mélanger les oeufs, le beurre fondu, le lait de soya et les épices.

3. Mettre dans une assiette à tarte huilée et ajouter le seitan ou le tempeh haché sur le dessus.

4. Mettre au four à 350°F (180°C) pendant 12 à 15 minutes.

5. Saupoudrer de fromage râpé et gratiner 2 à 3 minutes.

6. Servir avec un ketchup maison.

SAUTÉ DE SEITAN OU DE TEMPEH À LA CHINOISE

• **Donne 4 portions**

Ingrédients

12 onces	seitan ou tempeh coupé en languettes	360 g
2/3 tasse	pois mange-tout	165 ml
2/3 tasse	piment rouge coupé en juliennes	165 ml
2/3 tasse	fèves germées	165 ml
1	branche de céleri coupée en lamelles	1
2/3 tasse	champignons tranchés	165 ml
1 c. à thé	gingembre frais haché	5 ml
1/4 tasse	sauce tamari	50 ml
1 c. à thé	jus de citron	5 ml
1/4 tasse	jus de légumes	50 ml
1 c. à soupe	fécule de maïs OU arrow-root	15 ml
1 c. à soupe	miel	15 ml
1 c. à soupe	huile de tournesol	15 ml
1 c. à thé	huile de sésame (optionnel)	5 ml

Mode de préparation

1. Dans un wok, faire revenir les légumes dans l'huile juste assez pour les attendrir. Transvider le tout dans un bol.

2. Ajouter de l'huile préalablement réchauffée. Saisir les languettes de seitan. Ajouter le gingembre, le tamari, le jus de citron et le jus de légumes. Faire bouillir puis ajouter la fécule de maïs, le miel et les légumes.

3. Cuire 5 minutes et servir.

LÉGUMES AU CURRY ET SEITAN OU TEMPEH

- **Donne 4 portions**

Ingrédients

1/2	brocoli en morceaux	1/2
1/2	chou-fleur en morceaux	1/2
1 à 2	carottes coupées en cubes	1 à 2
2	tomates coupées en cubes	2
4 c. à soupe	ghee	60 ml
2 c. à thé	graines de cumin	10 ml
1 c. à soupe	sel	15 ml
1 c. à thé	turmeric (curcuma)	5 ml
2	chilis	2
	OU	
1/2 c. à thé	piment fort	2,5 ml
1 tasse	seitan ou tempeh en cubes	250 ml

Mode de préparation

1. Mettre le brocoli, le chou-fleur, les carottes et le sel dans un chaudron avec 2 tasses d'eau.

2. Cuire jusqu'à ce que les légumes soient à demi-cuits.

3. Mettre de côté après en avoir retiré l'eau (garder l'eau de cuisson).

4. Dans un wok, ajouter le ghee. Faire sauter les graines de cumin, le piment, les épices et le seitan en cubes.

5. Ajouter les légumes et les tomates en cubes.

6. Cuire pendant 5 à 10 minutes. Saler au goût.

7. Servir avec un bon riz.

MACARONI AUX LÉGUMES ET SEITAN

• **Donne 4 à 6 portions**

Ingrédients

3/4 livre	macaroni de blé entier ou de légumes	340 g
1 tasse	seitan haché OU en petits cubes	250 ml
1	piment vert coupé en cubes	1
1	piment rouge coupé en cubes	1
2	branches de céleri coupées en lamelles	2
1	oignon moyen coupé en demi-lune	1
1	gousse d'ail hachée	1
1/4 c. à thé	gingembre haché	1,2 ml
2 à 3 c. à soupe	sauce tamari	30-45 ml
	sel et poivre au goût	
1 c. à soupe	huile	15 ml

Mode de préparation

1. Cuire le macaroni et égoutter. Mettre de côté.

2. Frire le gingembre, l'ail et les oignons.

3. Frire les piments et le céleri. Ajouter aux autres légumes. Assaisonner.

4. Ajouter le seitan haché et bien mélanger avec le macaroni.

5. Dans un plat allant au four, faire cuire 10 minutes à 375°F (190°C). Gratiner si désiré.

CHILI AU SEITAN OU AU TEMPEH

• **Donne 6 portions**

Ingrédients

2	gousses d'ail hachées	2
2	oignons coupés finement	2
1	piment vert coupé en cubes	1
1	branche de céleri hachée	1
1 livre	seitan ou tempeh haché	450 g
1	boîte 19 onces tomates	540 g
1	boîte 7^1/$_2$ onces sauce aux tomates	225 g
2	boîtes 14 onces fèves rouges égouttées	800 g
1 c. à soupe	poudre chili	15 ml
1 c. à thé	sel	5 ml
1 c. à soupe	sauce tamari	15 ml
1	feuille de laurier	1
^{1}/$_2$ c. à soupe	cumin en poudre	7,5 ml
1 c. à soupe	huile	15 ml

Mode de préparation

1. Dans une casserole, frire l'ail, les oignons, le piment, le céleri et le seitan haché.

2. Ajouter tous les autres ingrédients et bien mélanger.

3. Cuire à feu moyen pendant 15 à 20 minutes. Servir avec un bon riz et une salade OU farcir un tacos.

BOULETTES DE TEMPEH OU DE SEITAN

• **Donne 12 à 16 boulettes**

Ingrédients

1¹/₂ livres	tempeh émietté	675 g
1 tasse	chapelure	250 ml
2 à 3	oignons finement hachés	2 à 3
4	oeufs battus	4
3 c. à soupe	miso	45 ml
1 c. à soupe	persil haché	15 ml
1	gousse d'ail hachée	1
	sel et poivre au goût	

Mode de préparation

1. Frire les oignons.

2. Mélanger tous les ingrédients et si la consistance est trop claire, rajouter de la chapelure ou des noix broyées jusqu'à ce que vous puissiez faire des boulettes.

3. Cuire au four dans une tôle ou dans une poêle avec un peu d'huile.

4. Servir avec une sauce à spaghetti ou avec une bonne sauce de votre choix.

PAIN DE SEITAN OU DE TEMPEH AUX ÉPINARDS

• Donne 4 à 6 portions

Ingrédients

10 onces	épinards frais	300 g
1 tasse	champignons tranchés	250 ml
1 tasse	oignon haché	250 ml
1/4 tasse	persil frais haché	50 ml
1 tasse	chapelure	250 ml
3	oeufs battus	3
1/4 c. à thé	muscade râpée	1,2 ml
1/2 tasse	fromage ricotta	125 ml
	sel et poivre au goût	
1 livre	seitan OU tempeh haché	450 g
1/2 tasse	fromage cheddar râpé	125 ml
3 c. à soupe	sauce tamari	45 ml
1 c. à soupe	huile de tournesol	15 ml

Mode de préparation

1. Cuire les épinards et égoutter.

2. Frire les oignons et les champignons.

3. Mettre tous les ingrédients dans un bol et bien mélanger.

4. Mettre le mélange dans un plat huilé et faire cuire au four à 350°F (180°C) pendant 20 minutes.

5. Laisser refroidir un peu et servir avec une sauce de votre choix.

CHOU FARCI AU SARRASIN ET SEITAN

• **Donne**

Ingrédients

1 livre	seitan haché	450 g
1 tasse	sarrasin (kasha) cuit	250 ml
1/2 tasse	fromage cheddar râpé	125 ml
1	boîte 19 onces jus de tomates	540 ml
1	boîte 5 1/2 onces purée de tomates	160 ml
1	boîte 14 onces sauce tomates	400 ml
1	oignon haché	1
1	gousse d'ail	1
2 c. à soupe	sauce tamari	30 ml
	poivre	
	origan	
1/4 tasse	chapelure	50 ml
1	chou cuit à la vapeur	1

Mode de préparation

1. Cuire le chou et retirer les plus belles feuilles.

2. Dans un bol, mélanger le seitan haché, le sarrasin (kasha) cuit, le fromage, les oignons, l'ail, le tamari et les épices.

3. Ajouter la chapelure jusqu'à consistance voulue.

4. Farcir les feuilles de chou et placer dans un plat allant au four.

5. Ajouter la sauce de tomates et cuire 30 minutes à 350°C (180°C).

SEITAN OU TEMPEH BOURGUIGNON

• **Donne 4 portions**

Ingrédients

1¹/₂ livres	**seitan OU tempeh en cubes**	**675 g**
3 c. à soupe	**farine non blanchie**	**45 ml**
1 c. à thé	**sel de mer**	**5 ml**
6-7	**grains de poivre fraîchement moulus**	**6-7**
3 c. à soupe	**huile**	**45 ml**
1	**poireau nettoyé et coupé en rondelles**	**1**
1	**gros oignon coupé en demi-lune**	**1**
1	**grosse carotte coupée en demi-lune**	**1**
1	**gousse d'ail hachée**	**1**
2 c. à soupe	**persil haché**	**30 ml**
2 c. à soupe	**cognac (optionnel)**	**30 ml**
¹/₂ c. à thé	**thym**	**2,5 ml**
¹/₂ c. à thé	**marjolaine**	**2,5 ml**
¹/₄ c. à thé	**paprika**	**1,2 ml**
1 tasse	**vin rouge**	**250 ml**

Mode de préparation

1. Dans un bol, mélanger la farine, le sel et le poivre moulu.

2. Enfariner les morceaux de seitan ou de tempeh et les faire frire. Ajouter le cognac et flamber.

3. Frire les légumes et y ajouter le vin rouge. Assaisonner.

4. Laisser mijoter puis ajouter le seitan. Bien mélanger. Cuire quelques minutes et servir.

SEITAN OU TEMPEH STROGANOFF

• **Donne 4 portions**

Ingrédients

2 livres	seitan OU tempeh en lamelles	900 g
2	oignons moyens coupés en demi-lune	2
12	champignons coupés en quartiers	12
2 c. à soupe	beurre	30 ml
2 c. à soupe	farine tout usage non blanchie	30 ml
2 tasses	bouillon	500 ml
1/4 tasse	pâte de tomates	50 ml
1 c. à soupe	sauce Worcestershire	15 ml
1/2 tasse	crème sure	125 ml
1 c. à soupe	persil	15 ml
	sel et poivre au goût	

Mode de préparation

1. Dans un chaudron, faire un roux avec le beurre et la farine.

2. Frire les oignons et les champignons.

3. Ajouter le seitan ou le tempeh en lamelles ainsi que le bouillon, la pâte de tomates et la sauce Worcestershire. Bien remuer.

4. Ajouter le sel, le poivre et la crème sure. Laisser mijoter et saupoudrer de persil.

5. Servir avec pâtes ou une céréale au choix.

POT-AU-FEU AU SEITAN OU AU TEMPEH

• **Donne 4 portions**

Ingrédients

2 tasses	seitan OU tempeh en cubes	500 ml
1 tasse	céleri tranché	250 ml
3	carottes tranchées	3
2	oignons hachés	2
1/2 c. à thé	thym	2,5 ml
1/2 c. à thé	cumin en poudre	2,5 ml
2 c. à soupe	huile	30 ml
3/4 tasse	eau	175 ml
1/2 tasse	vermouth sec	125 ml
	sel et poivre	
1 c. à soupe	vinaigre de cidre de pommes	15 ml
1 c. à soupe	miel	15 ml
1 c. à soupe	moutarde de Dijon	15 ml

Mode de préparation

1. Sauter les oignons, céleri et carottes.

2. Ajouter les autres ingrédients.

3. Laisser mijoter 20 minutes à feu doux.

4. Servir avec un bon riz ou une salade de fèves.

BLANQUETTE DE SEITAN OU DE TEMPEH

• **Donne 4 à 8 portions**

Ingrédients

1¹/₂ livres	seitan OU tempeh en cubes	675 g
1 tasse	céleri coupé en dés	250 ml
1 tasse	carottes coupées en dés	250 ml
1 tasse	petits oignons blancs	250 ml
1 tasse	champignons coupés en quartiers	250 ml
Sauce		
3 c. à soupe	beurre	45 ml
3 c. à soupe	farine non blanchie	45 ml
2 tasses	lait de soya	500 ml
2	clous de girofle	2
1	feuille de laurier	1
1 c. à thé	sel	5 ml
1 c. à thé	ail	5 ml
¹/₂ tasse	vin blanc (vermouth sec)	250 ml

Mode de préparation

1. Dans un chaudron, frire tous les légumes et ajouter le seitan ou le tempeh.

2. Faire la sauce, fondre le beurre, frire l'ail et y ajouter la farine.

3. Avec un fouet, ajouter graduellement le lait de soya et épaissir.

4. Ajouter les assaisonnements et le vin blanc. Bien mélanger. Laisser mijoter quelques minutes tout en remuant.

5. Ajouter la sauce sur le mélange de légumes et seitan. Laisser mijoter 5 à 10 minutes.

6. Servir avec pâtes ou un bon riz.

SAUTÉ DE SEITAN MARENGO OU DE TEMPEH MARENGO

• **Donne 3 à 4 portions**

Ingrédients

1 livre	seitan OU tempeh en cubes	450 g
2	oignons coupés en cubes	2
1/2 livre	champignons tranchés	225 g
2	gousses d'ail émincées	2
7 onces	sauce tomates	210 ml
	poivre et sel au goût	
1 c. à thé	thym	5 ml
1 c. à soupe	persil haché	15 ml
1	feuille de laurier	1
2 c. à soupe	huile	30 ml
2 c. à soupe	farine non blanchie	30 ml

Mode de préparation

1. Dans une poêle, frire l'ail et les oignons. Retirer.

2. Frire les champignons et les ajouter aux oignons.

3. Enfariner les morceaux de seitan ou de tempeh et faire frire.

4. Ajouter tous les ingrédients et laisser mijoter 10 à 15 minutes.

5. Servir avec une bonne salade.

CHAMPIGNONS SAUTÉS AU MISO

• **Donne 12 entrées**

Ingrédients

12	champignons coupés en quartiers	12
1	sac d'épinards lavés	1
1	poireau coupé en lamelles	1
1	gousse d'ail hachée	1
1	pincée gingembre haché	1

Sauce - Mélanger

2 c. à soupe	coriandre frais hachée	30 ml
1 c. à thé	cumin en poudre	5 ml
1	pincée de poivre de cayenne	1
1	pincée de miso dilué DANS	1
1/2 tasse	d'eau	125 ml

Mode de préparation

1. Frire le gingembre, l'ail et le poireau dans un peu d'huile.

2. Cuire les épinards à l'étuvée pendant 2 minutes.

3. Les retirer, dégorger et couper.

4. Frire les champignons dans un peu de beurre.

5. Mélanger les épinards et les champignons aux poireaux et ajouter les assaisonnements.

6. Laisser mijoter à feu doux 5 minutes et servir.

PETITES BROCHETTES DE SEITAN OU DE TEMPEH

• **Donne 4 à 6 brochettes**

Ingrédients

1 livre	seitan OU tempeh en cubes	500 g
1 c. à soupe	huile de tournesol (ou d'olive)	15 ml
	sel et poivre au goût	
1/2 c. à thé	thym frais ou séché	2,5 ml
1/2 c. à thé	ciboulette fraîche ou séchée	2,5 ml
1/2 c. à thé	curry en poudre	2,5 ml
1	pincée de paprika	1
1	oignon moyen coupé en demi-lune	1
1	piment rouge moyen	1

Mode de préparation

1. Couper le seitan ou le tempeh en cubes de 2-3 cm.

2. Mélanger épices, sel, huile et cubes de seitan ou de tempeh et laisser mariner 1 heure dans le réfrigérateur.

3. Couper le piment et les oignons en cubes de 2-3 cm. Blanchir 2-3 minutes à l'eau salée.

4. Embrocher les cubes de seitan sur de petites brochettes de bois ou de bambou, en intercallant, par brochette, le piment et les oignons entre les cubes de seitan.

5. Sauter rapidement dans une poêle ou griller sur charbon de bois ou sous la salamandre jusqu'à ce que les brochettes soient dorées.

6. Servir avec une bonne salade.

TOURTIÈRE AU MILLET ET LÉGUMES

• **Donne 4 à 6 portions**

Ingrédients

$1/2$ tasse	millet lavé (ou autre)	125 ml
$1/2$ tasse	lentilles ou riz lavé	125 ml
2	feuilles de laurier	500 ml
$1/4$ tasse	sauce tamaris	50 ml
1	cube de bouillon de légumes	1
1	pincée de poivre de cayenne	1
1	pincée de basilic, thym, orégano	1
$1/4$ c. à thé	cumin en poudre	1,2 ml
1	pincée de clou de girofle moulu	1
1	pincée de cannelle moulue	1
$3^1/2$ tasses	eau ou bouillon au choix	875 ml
1	gousse ail hachée	1
1	poireau coupé finement	1
2	branches de céleri coupées finement	2
8	champignons en tranches	8
2	abaisses pâte à tarte	2

Mode de préparation

1. Mettre les 11 premiers ingrédients dans un chaudron et cuire à feu moyen 30 minutes.

2. Frire l'ail, puis ajouter les autres légumes. Cuire quelques minutes.

3. Mélanger avec le millet et les lentilles.

4. Mettre dans un fond de tarte préalablement cuit à moitié.

5. Recouvrir d'une pâte et cuire 30 minutes au four à 350°F (180°C).

6. Servir avec un ketchup.

CRETONS AU SARRASIN

• **Donne 3 moules de 4″ x 6″ (10cm x 15 cm)**

Ingrédients

1 tasse	sarrasin non moulu rôti	250 ml
1/4 tasse	flocons de seigle	50 ml
1/4 tasse	flocons de blé	50 ml
1/4 tasse	flocons d'avoine	50 ml
4 tasses	eau ou bouillon au choix	1 l
1/2 tasse	sauce tamari	125 ml
OU	OU	
1/2 tasse	bouillon de légumes concentré	50 ml
	cannelle moulue	
	clou de girofle moulu	
	coriandre moulue	
	cumin moulu	
	curry moulu	
	sel et poivre au goût	
2 c. à soupe	algues agar-agar en poudre	30 ml
2 c. à soupe	huile de tournesol	30 ml
2	oignons coupés en cubes	
1/2 tasse	légumes au choix	125 ml

Mode de préparation

1. Mettre tous les ingrédients dans un chaudron, excepté la poudre d'algues agar-agar.

2. Cuire 25 minutes à feu doux en remuant de temps en temps.

3. Après 20 minutes, saupoudrer l'algue agar-agar tout en remuant.

4. Retirer du feu et mettre dans une tourtière ou dans un plat huilé et laisser refroidir.

5. Servir comme un creton.

VÉGÉPÂTÉ

• **Donne**

Ingrédients

1 tasse	graines de tournesol moulues	250 ml
1/2 tasse	farine de blé entier	125 ml
1/2 tasse	levure Torula	125 ml
1	gros oignon émincé	1
2 c. à soupe	jus de citron	30 ml
1	pomme de terre crue râpée	1
1/2 tasse	margarine fondue	125 ml
1 1/2 tasses	eau chaude	375 ml
	thym, basilic, sauge	
3 c. à soupe	tamari OU	45 ml
2 c. à soupe	miso d'orge	30 ml

Mode de préparation

1. Verser le mélange dans un plat en pyrex.

2. Cuire au four 1 heure à 350°F (180°C).

3. Quand la préparation est refroidie, la démouler.

NOTE:

Ce végépâté est un excellent substitut de diverses préparations à la viande.

On peut l'employer sur du pain rôti, dans des pâtes à tarte, comme accompagnement de crudités et de concombres à l'aneth ou comme plat de résistance lors d'un dîner.

SEITAN OU TEMPEH AUX LÉGUMES AU WOK

• **Donne 4 portions**

Ingrédients

8 onces	seitan OU tempeh coupé en lanières	240 g
1	piment vert coupé en juliennes	1
1	piment rouge coupé en juliennes	1
2	branches céleri émincées	2
1	oignon émincé	1
1	carotte émincée	1
1/2 tasse	pois mange-tout	125 ml
2 c. à soupe	huile de tournesol	30 ml
1	gousse d'ail hachée	1
1 c. à thé	gingembre frais haché	5 ml
1/2 tasse	bouillon de légumes	125 ml
3 c. à soupe	sauce tamari	45 ml

Mode de préparation

1. Sauter, dans l'huile, l'ail et le gingembre.

2. Ajouter les légumes. Remuer constamment. Ne pas colorer les légumes.

3. Assaisonner avec le tamari.

4. Laisser étuver 2 minutes.

5. Ajouter le seitan. Mélanger et cuire 2 minutes.

6. Ajouter le bouillon de légumes.

7. Servir sur un bon riz ou avec une salade.

CROQUETTES DE TOURNESOL

• **Donne 12 croquettes**

Ingrédients

2 tasses	graines de tournesol moulues	500 ml
1	carotte moyenne râpée	1
1 tasse	céréales cuites au choix	250 ml
1	oeuf	1
2	échalotes coupées finement	2
2 c. à soupe	persil haché	30 ml
1/2 tasse	chapelure	125 ml
1	pincée thym, sauge, basilic	1
1 c. à soupe	bouillon de légumes ou autres	15 ml
2 c. à soupe	sauce tamari	30 ml
1	gousse ail hachée	1

Mode de préparation

1. Mettre tous les ingrédients dans un bol et bien mélanger.

2. Faire des croquettes, enrober de chapelure ou de graines de sésame.

3. Faire frire comme une croquette ou au four: huiler une tôle à biscuits, déposer et cuire 10 minutes à 375°F (190°C).

4. Servir avec une sauce au choix.

RIZ BASMATI À LA CARDAMONE

• **Donne 4 à 6 portions**

Ingrédients

2 tasses	riz nettoyé	500 ml
3$^1/_2$ à 4 tasses	eau OU bouillon au choix	875 à 1 l
1 c. à soupe	beurre clarifié	15 ml
6 à 8	graines de cardamone	6 à 8
1 c. à thé	sel	5 ml

Mode de préparation

1. Après avoir nettoyé le riz, le mettre dans un chaudron avec le beurre, le sel, l'eau et les graines de cardamone.

2. Chauffer jusqu'à ébullition. Réduire le feu.

3. Cuire à couvert pendant 12 à 15 minutes à feu doux.

4. On peut ajouter 1 c. à thé (5 ml) de curry ou de curcuma pour faire jaunir le riz.

5. Servir.

BISCUITS AU GINGEMBRE AU LAIT DE SOYA

• **Donne 4 tasses**

Ingrédients

2 tasses	farine tout usage	500 ml
1 tasse	beurre (+ 15 gr pour la plaque)	250 ml
1 tasse	cassonade nature	250 ml
2 c. à soupe	miel	30 ml
1 c. à soupe	gingembre râpé	15 ml
1	oeuf	1
2 c. à soupe	lait de soya	30 ml

Mode de préparation

1. Mélanger la farine, le beurre, la cassonade et le miel à la fourchette.

2. Incorporer l'oeuf, le gingembre et le lait de soya, puis façonner une pâte souple.

3. Étaler cette pâte en couches minces (3 cm) et la détailler en biscuits avec un emporte-pièce.

4. Déposer sur la plaque beurrée.

5. Cuire 8 à 10 minutes dans le four préchauffé à 350°F (180°C).

BISCUITS AU SARRASIN ET COMPOTE DE POMMES

• **Donne**

Ingrédients

1³/₄ tasses	farine de blé	425 ml
1 c. à thé	soda à pâte	5 ml
¹/₂ c. à thé	poudre à pâte	2,5 ml
¹/₄ c. à thé	sel	1,2 ml
1 c. à thé	cannelle	5 ml
³/₄ tasse	sucre brun	175 ml
¹/₂ tasse	beurre OU margarine	125 ml
1	oeuf	1
1 c. à thé	vanille	5 ml
1 tasse	compote de pommes	250 ml
¹/₂ tasse	sarrasin (entier blanc ou rôti) cuit	125 ml
¹/₂ tasse	raisins secs	125 ml
¹/₂ tasse	flocons d'avoine	125 ml

Mode de préparation

1. Tamiser les cinq premiers ingrédients.

2. Défaire le beurre en crème, ajouter le sucre brun, incorporer l'oeuf et bien brasser.

3. Aromatiser avec la vanille et ajouter la compote.

4. Incorporer les ingrédients secs et bien mélanger.

5. À la fin, ajouter le sarrasin, les flocons d'avoine et les raisins.

6. Cuire au four à 375°F (190°C) environ 10 minutes ou jusqu'à ce qu'ils deviennent d'un beau doré.

MUFFINS AU SARRASIN

• **Donne 12 petits muffins**

Ingrédients

¹/₂ tasse	**céréale-matin cuite**	125 ml
1¹/₂ tasses	**farine à pâtisserie**	375 ml
¹/₂ tasse	**farine de maïs ou blé**	125 ml
2 c. à thé	**poudre à pâte**	10 ml
1	**oeuf battu**	1
1	**pincée de sel**	1
¹/₂ tasse	**lait**	125 ml
3 c. à soupe	**miel**	45 ml
3 c. à soupe	**huile**	45 ml
¹/₂ tasse	**raisins secs (facultatif)**	125 ml

Mode de préparation

1. Mélanger le sarrasin, le lait, le miel, l'oeuf et l'huile.

2. Dans un autre bol, tamiser la farine avec la poudre à pâte et le sel.

3. Mélanger les ingrédients secs aux ingrédients liquides et brasser le moins possible.

4. Incorporer les raisins.

5. Cuire 25 minutes à 400°F (200°C).

CRÈME AU BEURRE DE SÉSAME (TAHINI)

• Donne 4 portions de $1/4$ tasse (50 ml)

Ingrédients

2 c. à soupe	beurre de sésame	30 ml
2 à 3 c. à soupe	beurre de pommes OU	
	purée de dattes	30 à 45 ml
$1/3$ tasse	fromage cottage	85 ml
$1/2$ tasse	yogourt nature	125 ml
$1/2$ c. à thé	vanille	2,5 ml

Mode de préparation

1. Mélanger tous les ingrédients au mélangeur.

2. Servir sur des fruits frais OU en conserve OU sur des crêpes farcies de fruits.

POUDING AUX POMMES

• **Donne 3 tasses**

Ingrédients

2¹/₂ tasses	lait	625 ml
¹/₄ tasse	céréale-matin	50 ml
1	oeuf	1
1	pincée de sel	1
2 c. à soupe	miel	30 ml
1 c. à thé	vanille	5 ml

Mode de préparation

1. Séparer l'oeuf.

2. Dans une casserole, mélanger le sarrasin, le jaune d'oeuf, le sel et le lait.

3. Cuire à feu doux en remuant constamment, ajouter le miel.

3. Mettre le blanc d'oeuf en neige, incorporer la préparation chaude très lentement et ajouter la vanille.

4. Servir chaud ou froid avec des pommes râpées.

BONBONS DE TIGRE

• **Donne 24 boules**

Ingrédients

1/2 tasse	beurre d'arachides crémeux ou croquant	125 ml
2/3 tasse	graines de tournesol moulues	165 ml
1/4 tasse	poudre de lait écrémé	50 ml
2 à 4 c. à soupe	miel	30-60 ml
1/4 tasse	raisins secs, hachés finement	50 ml
1/4 tasse	dattes coupées finement OU remplacer par un autre fruit séché farine de caroube OU noix de coco râpées grillées au four	50 ml

Mode de préparation

1. Mélanger le beurre d'arachides et le miel.

2. Mélanger, dans un autre bol, les graines de tournesol moulues, lait en poudre, raisins secs et dattes.

3. Bien mêler au 1er mélange.
   Pour mélanger ces ingrédients, le plus facile est d'utiliser les mains.

4. Si le mélange est trop sec, ajouter du lait. S'il est trop liquide, ajouter plus de lait en poudre.

5. Rouler en petites boules et passer chaque boule dans de la noix de coco OU dans de la farine de caroube.

6. Garder au réfrigérateur dans un contenant hermétique.

VARIANTE:
   On peut remplacer les graines de tournesol par des graines de sésame.

   On peut remplacer les amandes et les fruits séchés par tout autre fruit séché.

BARRES AUX DATTES (sans cuisson)

• **Donne 18 barres**

Ingrédients

2 tasses	dattes dénoyautées hachées OU un mélange d'abricots et dattes séchées	500 ml
1 1/2 tasses	noix de coco râpée non sucrée	375 ml
1/4 tasse	beurre	50 ml
1/2 tasse	eau OU eau de trempage des fruits séchés	125 ml
2 c. à soupe	miel ou autres sucrants (facultatif)	30 ml
1 1/4 tasse	flocons d'avoine	300 ml
2/3 tasse	noix de grenoble hachées grossièrement	165 ml
1 c. à thé	vanille	5 ml

Mode de préparation

1. Bien mélanger dattes, noix de coco râpée, beurre, eau et miel. Faire un mélange épais.

2. Ajouter flocons d'avoine, noix et vanille.

3. Placer dans un moule beurré d'environ 9" x 9" (23 cm x 23 cm).

4. Réfrigérer 2 heures minimum.

5. Couper 18 barres.

6. Réfrigérer dans un contenant hermétique.

NOTE:
   Bien presser le mélange dans le moule.
   Se congèle.

MOUSSE AU CAROUBE

• **Donne 4 tasses**

Ingrédients

1¹/₂ livres	**tofu soyeux**	**675 g**
¹/₃ tasse	**ou moins de poudre de caroube**	**85 ml**
¹/₃ tasse	**huile de tournesol ou carthame**	**85 ml**
¹/₂ tasse	**miel**	**125 ml**
1 c. à soupe	**vanille**	**15 ml**
2 c. à thé	**jus de citron**	**10 ml**
¹/₄ c. à thé	**sel marin**	**1,2 ml**

Mode de préparation

1. Mettre tous les ingrédients dans le mélangeur et brasser jusqu'à ce que le pouding ait une consistance crémeuse et légère.

2. Celui-ci peut se servir dans de jolies coupes individuelles ou dans une croûte à tarte cuite.

3. Réfrigérer environ 2 heures avant de servir.

4. Avec du tofu ferme, il faut ajouter environ 2¹/₂ tasses à 3 tasses (625 ml à 750 ml) de lait de soya ou autre afin d'avoir la bonne consistance.

GÉLATINE AUX FRUITS À L'AGAR-AGAR

• **Donne 4 à 6 portions**

Ingrédients

4 à 6 tasses	jus de fruit au choix	1 à 1,5 l
2 à 3 tasses	fruits coupés en cubes	500 à 750 ml
1 c. à thé	essence naturelle au choix (menthe, eau de rose, vanille, érable, etc.)	5 ml
2 à 3 c. soupe	poudre d'algues agar-agar	30 à 45 ml
2 c. à soupe	jus de citron	30 ml

Mode de préparation

1. Dans un chaudron, chauffer le mélange de jus.

2. Ajouter les fruits et cuire 10 minutes.

3. Ajouter l'essence choisie.

4. Saupoudrer l'algue agar-agar délicatement et remuer.

5. Laisser cuire 5 minutes et retirer du feu.

6. Verser dans le moule huilé et laisser refroidir.

7. Servir avec des biscuits.

GELÉE AU BEURRE DE SÉSAME

• Donne 6 portions de ¹/₂ tasse (125 ml)

Ingrédients

¹/₃ tasse	beurre de sésame	85 ml
¹/₄ tasse	beurre de pommes OU	
	purée de dattes	50 ml
¹/₂ tasse	jus de pommes OU	125 ml
	raisins blancs non sucrés	
2 tasses	yogourt nature	500 ml
1 c. à thé	vanille	5 ml
2	sachets de gélatine neutre	2

Mode de préparation

1. Mettre au mélangeur le beurre de sésame, le beurre de pommes, le yogourt et la vanille et rendre en purée.

2. Utiliser le jus de raisins ou de pommes pour gonfler la gélatine neutre. Dissoudre sur feu moyen 3 à 4 minutes OU au micro-ondes 1 minute 30 secondes à la puissance 5.

3. Ajouter ensuite aux ingrédients et verser dans des moules individuels ou un grand moule. Refroidir. Servir avec des fruits frais, décorer de graines de sésame.

Tarte au beurre de sésame

1. Verser la gelée au beurre de sésame dans une croûte de tarte cuite (granola ou à la caroube), décorer de graines de sésame, refroidir. C'est une tarte au goût différent auquel on s'habitue vite.

GELÉE DE FRAISES ET POMMES À L'AGAR-AGAR

• **Donne 4 à 6 portions**

Ingrédients

4 tasses	jus de fraises et pommes	1 l
4 c. à soupe	poudre d'algue agar-agar	60 ml
2 c. à soupe	miel	30 ml
2 tasses	fraises fraîches ou congelées	500 ml

Mode de préparation

1. Dans un petit chaudron, faire gonfler la gélatine dans $1/2$ tasse (125 ml) de jus de fruits.

2. Faire chauffer légèrement pour dissoudre complètement la gélatine.

3. Ajouter le miel et les fraises coupées en deux.

4. Verser le tout dans un joli moule.

5. Laisser refroidir au réfrigérateur jusqu'à ce que la gelée soit ferme.

6. Démouler en trempant le moule pendant 30 secondes dans l'eau très chaude.

PUNCH AUX INFUSIONS

• **Donne 8 à 12 portions**

Ingrédients

6 à 8 tasses	jus de fruits au choix	1,5 à 2 l
1	bâton de cannelle	1
1	morceau gingembre frais en tranches	1
4 tasses	eau	1 l
20	sachets infusions ou tisanes au choix	20
4 c. à soupe	miel	60 ml
	Décoration: fruits en tranches: fraises, kiwis, citrons ou limes	

Mode de préparation

1. Dans un chaudron, faire chauffer l'eau et les épices.

2. Ajouter les sachets et diminuer le feu. Cuire pendant 10 minutes.

3. Ajouter le miel et retirer du feu.

4. Égoutter et laisser refroidir.

5. Ajouter tous les ingrédients, jus et fruits choisis.

6. Ajouter cubes de glace et servir.